HISTOIRE

DU

PONT-NEUF

PARIS.—IMPRIMÉ CHEZ BONAVENTURE ET DUCESSOIS
55, quai des Augustins.

HISTOIRE

DU

PONT-NEUF

PAR

ÉDOUARD FOURNIER

Seconde Partie

PARIS

E. DENTU, ÉDITEUR

LIBRAIRE DE LA SOCIÉTÉ DES GENS DE LETTRES
Palais-Royal, 13 et 17, galerie d'Orléans.
—
1862

Tous droits réservés.

XI

Retour au règne de Louis XIV.—Encore les chansons du Pont-Neuf. — Ce qu'en disent Mazarin, Condé, madame de Sévigné, etc.—Le roi Guillaume brûlé, puis ressuscité au Pont-Neuf. — Ambassadeurs à l'auberge. — Feu d'artifice des Augustins. — Popularité de leur couvent. — Cavalcade des huissiers, le jour de la Trinité.—Les baigneurs du Pont-Neuf. —Charles IX et la belle baigneuse.—Encore les *Tirelaines*.— Un arc-de-triomphe à la place Dauphine.—Ce que Louis XIV fait pour la *Samaritaine*.—Comment c'est le dernier monument de son règne. — Le nouveau *Château*. — Ses gouverneurs. — Le canon de la *Samaritaine* et celui du Palais-Royal. — Comment le boulevard commence à faire concurrence au Pont-Neuf. — Glück et l'arracheur de dents. — Nouvelle proscription des bouquinistes. — Les petites boutiques supprimées. — Projet de madame de Pompadour pour la Cité.—La *Monnaie* à la place Louis XV.—Pourquoi on la bâtit au quai Conti.—M. Barrème et ses *Comptes faits*. — Projet de bâtir des pavillons sur les hémicycles des piles. —Impopularité de Louis XV et de ses maîtresses. — Les chansons satiriques sous le parapluie rouge. —Une scène de Panard : *le Chanteur et la Chanteuse*. — Madame de Pompadour et la chanson de *la Meunière*. — Madame du Barry au

Pont-Neuf.—Ses petits métiers.—Construction des pavillons. — Pourquoi Louis XVI se décide à les faire bâtir.— Grands travaux au Pont-Neuf.—Habitants des petites boutiques. — Un souper de Rétif de la Bretonne. — Une nuit de Gilbert. — Sterne à Paris. — Diderot chez mademoiselle Babuti. — Sterne et le Roi de Bronze. — Louis XVI et Henri IV.

Louis XVI eut une bonne pensée, au commencement de son règne, pour ces pauvres peintres dont nous venons de parler, et qui, laissant la plupart une famille après leur mort, se survivaient, pour ainsi dire, dans la misère de leurs veuves et de leurs enfants. Par une étrange rencontre, c'est le Pont-Neuf, ordinaire témoin de leur gloire d'un matin et de leur pénurie de tous les jours, qui fournit au roi cette occasion de bienfaisance et les moyens de la rendre durable. Le fait est intéressant, mais, comme il se rattache à la transformation la plus complète qu'eut à subir le Pont-Neuf, au dernier siècle, nous n'en parlerons qu'après vous avoir dit d'abord, avec détail, ce qu'avaient fait pour ce centre si important, le vrai cœur de Paris, les derniers prédécesseurs de Louis XVI.

Pendant le règne de Louis XIV, rien n'avait été changé. Il semblait qu'en dérangeant quelque chose de la mise en scène, on eût peur de troubler le spectacle. Il n'avait pas cessé d'être le même, le jour, le soir et la nuit. Le jour, c'étaient encore : le continuel va-et-vient des laquais et des servantes courant aux parades des bateleurs, plus vite qu'à leurs commissions; les nouvellistes allant de l'un à l'autre pour glaner quelques bruits dont ils feraient des vérités[1], et glosant d'avance, en prophètes de carrefour, sur le fait à venir, tandis que les chanteurs s'égosillaient en couplets sur le fait accompli[2].

Qui les faisait ces couplets? Tout le monde et personne; ils se faisaient tout seuls, comme l'a dit madame de Sévigné. De tous les traits de la malice publique, c'étaient là toujours les premiers qui partaient et les plus acérés.

« Les Italiens épuisent leur feu en pasquinades, écrit Mervesein[3], et la plupart des François font briller le leur dans des chansons. Toujours prêts à célébrer tout ce qui arrive, ils devancent souvent les gazetiers, et par un vaudeville ils publient les événements

---

[1] Loret, *Muse histor.*, édit. Ravenel, t. I*er*, p. 249, 289. — *Le Roman comique*, édit. V. Fournel, t. I*er*, p. 196.

[2] *L'Interprète des escripts du temps*, 1649, in-4°.

[3] *Hist. de la poésie françoise*, 1706, in-12, p. 284-285.

les plus considérables, dont ils relèvent ou taisent les bons et les mauvais endroits, selon leur caprice. Un prince d'Italie est si fort prévenu que nos poëtes font des chansons sur tout ce qui arrive, que quand on lui apprend quelque nouvelle, il demande d'abord : *E la canzone?* »

On ne disait pas : il court tel bruit ; on raconte telle affaire ; mais : voici ce que l'on chante au Pont-Neuf. « On écrit, lisons-nous par exemple dans une lettre de madame de la Trémouille du 8 juillet 1650, on écrit à Marie, que l'on chante sur le Pont-Neuf l'engagement de M. de La Trémouille au party des princes[1]. » Mazarin, dont on y chanta les défaites[2], s'était longtemps inquiété des chansons du Pont-Neuf. Le grand Condé s'en inquiéta toujours. « Gare les *ponts-neufs!* enfants, disait-il au commencement d'une bataille[3]. »

Depuis le siége de Lérida, et les chansons qu'y avait méritées sa déconvenue, il

---

[1] Tallemant des Réaux, *Histor.*, édit. P. Paris, t. IX, p. 425.

[2] Loret, *Muse histor.*, édit. J. Ravenel, t. Ier, p. 225.

[3] Dupuis Demporte, *Histoire génér. du Pont-Neuf*, p. 30.

savait ce qu'il en cuisait de ces refrains du peuple.

Souvent l'événement chanté s'était accompli à l'endroit même où on le chantait.

Était-ce le défi de Cavoie et de M. de Thionville en décembre 1652? C'est sur le Pont-Neuf qu'il avait eu lieu [1], et sur le Pont-Neuf aussi que les chansons le racontaient.

De même, en mai 1644, pour le combat de Sévigné et de Chastellet, qu'on y vit commencer par un coup de plat d'épée et finir par des chansons [2].

La justice le prenait pour théâtre de ses supplices, et, comme vous le savez déjà par ce que j'ai dit de la pendaison trop réelle du cadavre de Concini et de la pendaison en effigie de Mazarin, le peuple y faisait aussi ses exécutions. Seulement on pouvait n'être pas trop malade de celles-ci et même en appeler, à l'occasion; tandis que les autres étaient impitoyablement définitives. Les frères Touchet, assassins du lieutenant-criminel, dont vous connaissez aussi la complainte, et que la justice y fit rouer vifs en face du Cheval

---

[1] Loret, *Muse histor.*, édit. J. Ravenel, t. Ier, p. 322.
[2] *Journal* d'Oliv. d'Ormesson (Coll. de doc. inéd.), t. Ier, p. 186.

de Bronze le 27 août 1665[1], subirent mille morts dans l'horrible supplice ; mais Mazarin pendu par le peuple, pendant la Fronde, le roi Guillaume brûlé en 1690 par la main des mêmes bourreaux pour rire, ne s'en portèrent pas plus mal. Le roi anglais eut, qui plus est, sa revanche à la paix. On le ressuscita, pour lui faire fête, sur ce même pont, où avait flambé son mannequin. « J'ai, écrit lord Portland, en 1698, dans une de ses dépêches d'ambassadeur[2], j'ai été surpris à mon entrée de voir une affluence de monde extrême, pas seulement des gens de Paris, auxquels la curiosité est ordinaire, mais tout ce qu'il y avait de gens de qualité en ville, de tout âge et sexe, était aux balcons et fenêtres. En passant sur le Pont-Neuf, des gens dirent avec acclamations : Mon Dieu ! que voyons-nous aujourd'hui et qui mérite bien notre curiosité ! L'entrée solennelle d'un roi que nous avons brûlé sur ce même pont huit ans passés !.... »

Le Pont-Neuf se trouvait alors sur le che-

[1] *Lettre de Guy Patin*, publiée dans la *Revue de Paris*, t. III, p. 550.
[2] Extrait donné par M. J. Rathery, *Revue contemporaine*, 31 octobre 1855, p. 307.

min de tous les ambassadeurs extraordinaires qui, le jour de leur entrée solennelle, se rendaient de la Porte Saint-Antoine à l'ancien hôtel du maréchal d'Ancre, rue de Tournon, qu'on leur avait préparé pour résidence. Auparavant, ils n'allaient pas si loin. C'est dans le voisinage même du Pont-Neuf, c'est rue Dauphine qu'ils s'arrêtaient [1]; non pas dans un hôtel réservé pour eux, mais simplement dans une auberge, où on leur avait loué un logement.

Cette hôtellerie diplomatique de la rue Dauphine succédait à celle de la rue de la Huchette, où, pendant longtemps, on avait hébergé les ambassades. Sous Louis XII, celle de l'empereur Maximilien y avait logé, et, en 1552, celle du roi d'Angus ou prince d'Achaïe.

Les souverains, dont l'hôtel garni de la rue Dauphine reçut les représentants, n'étaient pas de moins puissants princes. C'est là qu'en 1654, Servien conduisit en grande cérémonie le premier ambassadeur,—encore à moitié sauvage,—qui fût venu de Moscovie à Paris. Il s'appelait le prince Garesnott Metcherski,

---

[1] *Voyage du duc de Saxe Jean-Ernest*, 1620, in-4° en latin, p. 98.

et n'était pas moins cosaque par les mœurs que par le nom : « On apprit qu'il passait tous les après-midi à s'enivrer avec son secrétaire et un autre attaché ; qu'à eux trois ils consommaient huit pintes d'eau-de-vie par jour, et que, dans leur ivresse, ils se querellaient et même se battaient comme des laquais... Le secrétaire, qui était d'une famille presque aussi grande que celle du prince, n'était jamais en reste avec lui et lui rendait coup pour coup. Une fois, s'étant pris aux cheveux, ils firent un vacarme tel, que les Suisses, qu'on avait placés dans l'hôtel pour écarter la foule des curieux et des importuns, se crurent obligés d'accourir pour les séparer. L'ambassadeur et son secrétaire s'apaisèrent enfin et se remirent à boire jusqu'à minuit, en gardant avec eux ces bons Suisses, qui, probablement, s'acquittèrent de leur nouvelle tâche de manière à justifier leur ancienne réputation [1]. »

Il ne manquait, pour amuser les badauds du Pont-Neuf et de la rue Dauphine, que ces batteries d'ambassadeurs se prenant aux cheveux, et ces pique-niques d'ivrognerie entre Moscovites et Suisses !

[1] G. B. Depping, *Une Ambassade Russe à Paris*, 1853, in-8°, p. 6.

Nous avons vu tout à l'heure le passage solennel d'un ambassadeur anglais sur le Pont-Neuf ; voici maintenant, sans sortir du même temps, d'autres solennités, d'autres pompes, d'autres fêtes. Une fois, c'est Louis XIV et son frère qui, suivis des cent-suisses et d'une longue file de carrosses, s'en vont prier à Notre-Dame pour le repos de l'âme de la reine mère, morte en février 1656 [1]. Une autre fois, en mai 1659, peu de temps après la conclusion de la paix avec l'Espagne, ce sont les religieux Augustins qui fêtent avec grand fracas la canonisation du frère Thomas de Villeneuve, un bienheureux tout frais pris dans leur ordre : « Ils en ont fait, dit Guy Patin [2], un feu de réjouissance au bout du Pont-Neuf, où ce nouveau saint étoit représenté en faquin de Quintaine, et où courut une foule de monde qui ne se peut nombrer, et c'est là où le peuple disoit : C'est un saint espagnol qui n'eust pas été reçu en France si la paix n'eust été faite. »

Grâce au Pont-Neuf, le couvent de ces bons

---

[1] *Lettres de Guy Patin,* édit. Reveillé-Parisse, t. III, p. 13.

[2] *Ibid.*, p. 585.

pères Augustins était le mieux situé de Paris, le plus accessible, celui que l'on fréquentait le plus volontiers. Ils le savaient et faisaient tout pour y attirer toutes les foules.

Certains jours, c'était la longue file des gens qui venaient faire bail avec ces religieux pour quelques-unes de leurs nombreuses chambres. Henri IV leur avait dit [1] qu'ils tireraient grand profit de leurs maisons ; ils ne le démentent pas. Parmi leurs locataires il y a même de très-grands seigneurs. Les magasins que pendant la Régence, et au grand scandale des Parisiens, le duc de La Force avait encombrés, pour son compte, d'épiceries, de sucre et de savon, se trouvaient dans leurs bâtiments [2]. Pendant le carême, ce sont d'autres gens qui viennent à ce cloître, mais moins volontiers : ce sont les bouchers qu'on a surpris vendant de la viande en ce temps défendu, et qui, pour punition, sont obligés de la porter aux Augustins [3]. Ceux-ci la mangeront-ils ? Non pas, ce serait trop gros pé-

---

[1] *V.* plus haut, p. 117.

[2] *Journal* de Barbier, 2ᵉ édit., t. Iᵉʳ, p. 109. — *Mémoires pour servir à l'histoire de la calotte*, 1732, in-12, p. 39.

[3] Tallemant des Réaux, Iʳᵉ édit., t. III, p. 329.

ché, et d'ailleurs elle n'est plus assez fraîche. Ils la vendront bien cher aux personnes qui, pour cause de maladie, ont la grande dispense. Dans une autre saison, le 10 septembre, c'est une autre affluence. Pourquoi ? La fête de Saint-Nicolas de Tolentin est venue, et le fameux pain bénit qui guérit de tout, particulièrement des fièvres, qui préserve du feu, de l'eau, qui fait retrouver les noyés [1], etc., ne se vend que ce jour-là aux Grands-Augustins [2].

Sous le porche de ces moines, si bien achalandés, les mendiants pouvaient faire à l'aise leur métier de gueuserie, et les débitants de journaux ou *gazetiers* dresser leurs échoppes. Dans le cloître se tenaient, aussi bien que sous les galeries des Célestins, de l'Arsenal, sur les terrasses des Tuileries, sous les arbres de Cracovie au Luxembourg et au Palais-Royal, les conciliabules affairés des nouvellistes [3]. Dans l'église, se chantaient les plus beaux offices. Si l'on voulait entendre un orgue bien touché, c'est là qu'il fallait aller à

---

[1] *V.* nos *Énigmes des rues de Paris*, p. 160.
[2] Manuel, *Essais histor.*, 1783, in-12, p. 75.
[3] *Variétés histor. et litt.*, t. VIII, p. 264, note.

la messe. Les Cordeliers seuls avaient d'aussi bons organistes [1] ; et c'est aux Grands-Augustins que la confrérie de Sainte-Cécile donnait ses concerts annuels [2].

Il semblait, à certains moments, que le Pont-Neuf n'avait été bâti que pour être l'avenue de ce couvent. Ne servait-il point, par exemple, au passage de la grande procession des Cours souveraines et du chapitre de Notre-Dame, lorsque chaque année, le 25 mars, jour anniversaire de la reddition de Paris à Henri IV, ils s'en allaient aux Grands-Augustins appeler, suivant le vœu du bon roi, la protection du ciel sur la France, et lui faire à lui-même, au nom de la ville de Paris, une sorte d'amende honorable pour la longue résistance qu'elle avait mise à lui ouvrir ses portes.

Un autre jour, le lendemain de la Trinité, autre procession sur le Pont-Neuf, mais à cheval, celle-là, et d'autant plus grotesque : *Entendez-vous ?* dit Lemierre au 6ᵉ chant de son poëme des *Fastes*,

---

[1] *Variétés histor. et litt.*, t. II, p. 14, note.
[2] *Ibid.*

> Entendez-vous au loin le fifre et la trompette,
> Les cris tumultueux que le peuple répète ?
> Voyez-vous s'avancer, couverts de noirs manteaux,
> Ces roides écuyers juchés sur leurs chevaux,
> Cavalcade peu faite aux marches régulières,
> Qui vient parodier nos brigades guerrières,
> Et, gardant mal les rangs, plus mal les étriers,
> Saisit au moindre choc le crin de ses coursiers ?
> C'est ce corps, dont la plume, instrument de grimoire,
> D'un léger débiteur rafraîchit la mémoire ;
> Et, par un griffonnage autorisé des loix,
> Fait trembler l'univers au bruit de ses exploits.

En un mot, pour parler plus clair, ce sont MM. les huissiers à verge et MM. les huissiers-priseurs, qui s'en vont, par le Pont-Neuf, le quai des Orfèvres et la rue de Jérusalem, faire leur visite annuelle à M. le premier président, en son hôtel. Ils se rendront de là chez M. le prévôt de Paris, puis chez les principaux magistrats, à commencer par M. le lieutenant-civil, mais chez celui-ci, il se pourra qu'on les devance. Le bruit de leur cavalcade, avec fifres et tambours, a été un signal, une sorte de tocsin sonné dans le public. Tous ceux qui ont à se plaindre des manières ou des manœuvres de Messieurs de la contrainte et du protêt se sont levés en masse et ont pris leur course. Ils savent que c'est le jour où le lieutenant-civil reçoit les réclamations, et ils ont couru chez lui. Le lendemain, d'après ces plaintes, il fera savoir à quelques-uns de MM. les huissiers ce qu'il pense de leur conduite.

Cela se passait ainsi tous les ans, comme je l'ai dit, le lundi de la Trinité, dans les plus beaux jours, par conséquent, et une semaine environ avant que l'exposition de la place Dauphine fût, sur le Pont-Neuf, une autre occasion d'affluence et de curiosité.

Vers le même temps, dans les plus chaudes journées, les parapets du pont servaient de balcon pour un autre spectacle. Tous les baigneurs, en effet, n'étaient pas alors dans les eaux du quai Saint-Bernard, où, comme vous savez, leur présence attirait chaque soir une foule, indécemment curieuse, à laquelle La Bruyère crut devoir dire d'autant plus vertement son fait, que les femmes de toutes sortes, surtout du plus grand monde, n'y manquaient pas.

Beaucoup de ces tritons de la Seine ne vont pas s'ébattre si loin. Ils viennent tout près du Pont-Neuf même, se déshabillent sur le sable des rives, ou sous les saules peu touffus qui ombragent la pointe du terre-plein, avec autant d'aisance que s'ils étaient dans une île déserte ; agacent de leur nudité et de leurs propos plus crus encore, la pudeur peu susceptible mais révoltée pourtant des blanchisseuses qui tordent le linge sur les bateaux voisins ; font un brusque plongeon, reparaissent, filent le long des bateaux, éclaboussent en riant les commères qui crient et qui répondent aux éclaboussures par des coups de battoir, replongent encore et font enfin mille évolutions de toutes sortes dans le grand bassin qui alors, sans l'entrave de la moindre passerelle, s'étendait de la pointe de la Cité jusqu'au delà de *la Grenouillère*.

Depuis bien longtemps déjà, et même avant la construction du Pont-Neuf, ce bassin de la Seine en sa plus grande largeur, servait de préférence aux ébats des baigneurs habiles et des jolies baigneuses: Je vais, à ce propos, emprunter le récit d'une curieuse aventure au vieux Pierre de Lancre, en son *Tableau de l'inconstance et instabilité de toutes choses* [1] :

« Le roy Charles IX, s'allant un jour promener aux Tuilleries, voyant une femme (quoyque belle en perfection) toute nue pas-

---

[1] Page 146.

ser la rivière à la nage depuis le Louvre jusqu'au faulbourg Saint-Germain, il s'arresta pour la voir. Mais pendant qu'il estoit attaché par les yeux, comme le reste de la cour, elle, avec un plongeon, se déroba de sa vue, et estant revenue sur l'eau, et puis ressortie en terre, aussi vite qu'un éclair, elle commença à tordre ses cheveulx et faire ce qu'Antipater dit de Vénus :

> Voy naguères Vénus, de la mer sortant,
> Ouvrage d'Apelles, entre ses mains tenant
> Ses mouettes cheveux ; elle fait de sa tresse
> Humide, l'espreignant, sortir l'escume épaisse ;

puis se retira, emportant quant à soy les yeux et les cœurs de tout le monde. Mais néantmoins, avec tout cela, encore que l'action semblast estre plaisante en soy, si est-ce que le roy la trouva estrange et nouvelle qu'on ne lui en ouït jamais dire un seul mot de louange, bien qu'il entendist la pluspart de sa suite, voire les plus retenuz, dire tout haut plusieurs paroles d'admiration... »

C'est que sans doute ce roi, qu'on n'aurait certes pas cru si décent, n'était pas d'avis que le voisinage de son Louvre servît ainsi pour les ébats des baigneuses, au grand scandale des yeux pudibonds. La police partagea toujours cette décence. Dans l'été de l'année 1716, le prévôt des marchands rendit une ordonnance où nous lisons, entre autres choses [1] : « Un grand nombre de fainéants, vagabonds et gens sans aveu et autres, passent la plus grande partie des jours sur le sable, au bas du Pont-Neuf, et sur les autres graviers de la rivière, même sur les bords, où ils jouent et se promènent nus, et se présentent en cet état aux blanchisseuses qui travaillent dans les bateaux à laver lessive, leur tiennent des discours dissolus et contre l'honnêteté... ce qui cause un grand scandale et est contraire aux lois et règlements, etc. »

On ne tint pas compte de l'avis de M. le prévôt, et, le 12 juin 1742, il fallut une nouvelle ordonnance, par laquelle : « Il est fait très-expresses défenses à toutes personnes de se baigner d'une manière indécente, de rester nud sur les bords et graviers de la rivière et sur les bateaux chargés ou vuides, à peine de trois mois de prison [2]... »

La police ne devait jamais perdre des yeux

---

[1] Dagone, *Affiches de Paris*, etc., 1716, in-4°.
[2] Fréminville, *Dictionn. de police*, p. 36.

le Pont-Neuf. Elle avait sans cesse à voir et dessus et dessous. Il fallait que sa surveillance ne cessât ni de jour ni de nuit.

Pour lui venir en aide et lui prêter mainforte, on avait, sous Louis XIV, bâti un corps de garde près du Cheval de Bronze. Une escouade du guet à pied s'y tenait le jour et la nuit. Une sentinelle était à la porte et une autre à l'entrée du quai des Orfévres, le *quai riche,* comme on l'appelait, où les voleurs auraient toujours eu de si beaux coups à faire.

Grâce à ces précautions, ils n'étaient sans doute plus sur le Pont-Neuf, aussi hardis qu'à l'époque des *tirelaines,* sous Louis XIII et pendant la Fronde, quand, par exemple, « six chevaliers à courte épée » avaient, sur la brune,

> . . . . Non-seulement fouillé,
> Mais entièrement dépouillé

le marquis de Renel, près de la Samaritaine [1]; quand, à ce même endroit encore,

> Crocheteurs, colporteurs, filoux;
> Gens affamez comme des loups,

[1] Loret, *Muse historique,* édit. J. Ravenel, t. Ier, p. 503.

s'étaient, en plein midi, rué sur une voiture remplie de sacs d'argent [1] ; et lorsqu'enfin, ne respectant rien, ces gens de la pince et du croc avaient, par un beau soleil, poussé l'audace

> Jusqu'à vouloir prendre la mule
> Du médecin nommé Guénault,
> Et quoy qu'il leur criât fort haut :
> « Ne mettez pas sur moy les pinces,
> Je suis le médecin des princes [2] ;... »

Oui, certes, le passage était moins dangereux, mais cela ne veut pas dire qu'il fût sans péril. Aussi croyons-nous un peu exagérée la sécurité qu'affectait à ce propos François Colletet, lorsqu'il écrivait en 1679 : « Quant aux voleurs, on les craint maintenant si peu, chose étonnante, que, sur le Pont-Neuf, où il n'y avoit pas de sûreté passé certaines heures, on y marche à présent avec aussi peu de crainte qu'en plein jour, par l'augmentation qui s'est faite des compagnies du guet, qui marchent à toutes heures, et qui conduisent même chez elles les personnes égarées ou qui

---

[1] Loret, *Muse historique*, édit. J. Ravenel, t. Ier, p. 227.
[2] *Ibid.*, p. 229.

se trouvent prises de vin ou de quelque autre accident[1]. »

Ce guet si actif et si obligeant n'empêcha pas toutefois qu'une nuit de l'année 1700, le courrier de Tours ne fût, comme je vous l'ai dit[2], arrêté sur le Pont-Neuf, et que plus tard la troupe de Cartouche, puis celle des *assommeurs* n'y commissent chaque nuit ces vols et ces meurtres dont vous savez l'histoire.

Si Loret avait pu vivre alors, je réponds qu'à la nouvelle de tous ces sinistres, il se serait écrié, comme en 1652, le lendemain de l'attaque faite contre Guénault[3] :

> O Pont-Neuf! belle galerie,
> Autrefois de moy tant chérie,
> Où, pour humer un peu de vent,
> J'allois me promener souvent ;
> Puisqu'en toy je voy qu'on exerce
> Un si misérable commerce,
> Quoique tu sois un fort beau lieu,
> Cher Pont-Neuf, je te dis adieu.

Si Louis XIV avait pris, pour la sûreté du Pont-Neuf, des soins qui ne furent pas d'une

---

[1] *La Ville de Paris*, 1679, in-4°.
[2] *V.* plus haut, p. 236-237.
[3] Loret, *Muse historique*, édit. J. Ravenel, t. Ier, p. 229.

efficacité durable, il n'avait rien fait, en revanche, pour son embellissement.

Une seule fois, en 1660, l'illustre pont était apparu mieux paré et comme en fête. On l'avait décoré, à l'entrée de la place Dauphine, d'un magnifique arc de triomphe de toile peinte, tout chamarré d'allégories, mais c'est en son propre honneur que le jeune roi avait permis à monsieur le prévôt et à messieurs les échevins de faire cette construction solennelle. Il venait, après la paix conclue avec l'Espagne, d'épouser l'infante Marie-Thérèse, et les allégories de l'arc triomphal racontaient à leur manière cet heureux événement. Voici comment se trouve décrit, dans les *Mémoires inédits de l'Académie de peinture* [1], ce monument d'apparat, « qui faisoit opposition à la statue équestre de Henry-le-Grand, » et dont Le Brun « avoit donné le dessin et pris la conduite.... L'arc étoit feint de marbre blanc, et son architecture étoit d'un ordre ionique. Il avoit quatre termes, deux à chaque extrémité, qui figuroient les quatre

---

[1] T. I*er*, p. 22. — On peut voir une gravure de ce monument dans le volume sur l'*Entrée de Louis XIV*, en 1660, p. 24.

Éléments ; au-dessus de l'arc paraissoit un ordre attique, qui avoit deux frontons embellis de deux grandes figures peintes, pour exprimer les excellentes qualités de la sérénissime reyne-mère ; l'une représentoit la Piété, et l'autre la Douceur qui terrassoit la Cruauté. Au-dessus des frontons, l'attique étoit ornée d'une tapisserie feinte, où l'on avoit représenté le roy et la reyne peints au naturel et assis dans un char conduit par le dieu Hymen et tiré par un coq, symbole de la France, et par un lion, symbole de l'Espagne. Aux côtés du char, on voyoit la Concorde qui renversoit la Discorde, et la Gloire et la Paix, qui rappeloient les Arts et les Sciences. Pour faire allusion aux soins que M. le cardinal Mazarin avoit employés à la conduite de l'État et aux négociations de la paix des Pyrénées, on voyoit entre les frontons de l'attique, un Atlas qui étoit revêtu d'un manteau de pourpre attribué à la dignité du cardinalat, et qui portoit un globe d'azur, où paroissoient trois fleurs de lys d'or. Le génie de la France et celui de l'Espagne aidoient à soutenir ce globe, et derrière ces génies, on remarquoit des trophées et des étendards, où étoient représentées les armes des villes que la maison d'Autriche venoit de céder à la France, comme Perpignan, Brisach, Arras et plusieurs autres. On voyoit aussi, auprès d'Atlas, un faisceau d'armes et une hache, qui étoient les armes de monseigneur le cardinal. Sur l'obélisque, on avoit peint deux bas-reliefs ; dans l'un on voyoit la France à genoux, qui recevoit des mains de la reyne-mère un jeune enfant que la Providence apportoit du ciel, et dans l'autre bas-relief paraissoit le génie de la France, tenant un bouclier où étoit le portrait de la reyne-mère qui mettoit en fuite Bellone. Sur le sommet de l'obélisque, on voyoit la figure allégorique de l'Éternité. »

Je ne sais si le peuple comprit grand'chose à tous ces prétentieux hiéroglyphes, mais je réponds qu'une bonne chanson bien chantée sous la Samaritaine avec le clair accompagnement du gai carillon eût été bien mieux son affaire.

La pauvre sonnerie fut muette pendant une partie de ce règne. En 1671, quand d'Assoucy publia ses *Rimes redoublées,* — dont quelques-unes, citées plus haut [1], furent la complainte de ce désastre, — la Samaritaine

---

[1] P. 165-166, note.

avait perdu son clocheteur et ses clochettes. Était-ce par accident? était-ce par suite de quelque ordre du roi, à qui ne devait pas plaire la franchise en couplets du petit Jacquemart, ce Marforio du Pont-Neuf? C'est ce que je croirais plus volontiers. La sonnerie, nous l'avons dit aussi [1], fut enfin rétablie, mais le petit Jacquemart ne reparut pas. Louis XIV avait plus osé que le maréchal d'Ancre [2]!

La belle sonnerie neuve, qu'avaient fondue Drouard et Minville, ne retentit guère par malheur que sur une ruine. Le bâtiment de la Samaritaine, que Henri IV avait fait construire, était tout délabré. L'eau et le temps avaient rongé ses pilotis, et il y avait danger qu'après être restés un siècle au bord de leur puits, la Samaritaine et le Christ sculptés sur la façade ne finissent par tomber au fond de l'eau. Enfin, un ordre arriva de Versailles pour qu'on avisât sans tarder à une reconstruction devenue indispensable. C'était en 1712, peu de temps après notre victoire de Denain. Louis XIV, qui, du fond de ses ap-

[1] *V*. plus haut, p. 163, note.
[2] *V*. plus haut, p. 164-166.

partements, avait gagné cette bataille par ses conseils, songea qu'il serait bon de la faire chanter au son des clochettes de la Samaritaine ; mais il sut alors que le pauvre petit château ne se tenait qu'à peine et qu'un trop grand ébranlement de sa sonnerie pourrait le jeter bas. Il voulut donc le mettre en état de supporter l'émotion d'une autre victoire, et c'est pourquoi l'ordre dont je parlais arriva de Versailles.

« Mais à propos, écrit la grande nouvelliste madame du Noyer, dans la 90e de ses *Lettres galantes*[1], j'oubliois de vous faire part d'une grande nouvelle. C'est la chute de la Samaritaine. Ce fameux ornement du Pont-Neuf vient d'être mis à bas, parce qu'il a fallu faire de nouveaux pilotis pour le soutenir ; et le peuple qui n'entre point dans ce détail-là, en impute la faute aux jésuites. Voici même des vers qui ont paru là-dessus. Les rimes ne m'en paroissent pas fort justes ; mais je ne sçaurois qu'y faire, les voilà tels qu'ils sont, car je ne suis pas obligée de corriger les fautes d'autrui :

----

[1] Londres, 1741, in-8°, t. III, p. 302-303.

Le Tellier, ce grand ami de Dieu,
Et ferme appui de la noire séquelle,
Un jour passant sur le Pont-Neuf :
« Hé ! quoi, dit-il, toujours cette femelle,
« Jaser depuis cent ans ; et que se dire encor ? »
Son compagnon altier, grand esprit fort,
Lui dit : «—Jésus lui prouve que sa grâce
« Est un céleste don, salutaire, efficace. »
«—Efficace ! répond le Père tout en feu :
« Qu'on le mette sur ma liste !
« Ainsi que Port-Royal, faisons raser ce lieu ;
« On me l'avoit bien dit qu'il étoit jansèniste. »

Ce qui n'est ici qu'une plaisanterie fut pris au sérieux dans le peuple. On y pensa réellement que les jésuites avaient exigé la démolition de la Samaritaine et qu'elle ne serait pas reconstruite. La lenteur des travaux justifiait ces soupçons. Or, en réalité, pourquoi cette lenteur ? C'est que la dépense menaçait d'être considérable et que l'argent manquait ; c'est qu'il fallait pour les pilotis beaucoup de grands bois, et qu'après les ravages que le terrible hiver de 1709 avait faits dans les forêts, ils étaient devenus de plus en plus rares [1]. Pendant près de deux ans les travaux furent même, pour ces deux causes, tout à fait interrompus, et le peuple convaincu

[1] G. Brice, *Description de la ville de Paris*, 1752, in-8º, t. IV. p. 178.

qu'il devait à jamais faire son deuil de sa chère Samaritaine. Tout à coup, sur la fin de 1714, on se remet en besogne, l'ouvrage prend une forme, et le mois d'août suivant n'est pas achevé, que tout est fini. Une fois enfin, Louis XIV, qui éleva tant de monuments pour son orgueil et pour sa gloire, avait donc fait quelque chose pour le peuple ! On lui devait un édifice populaire ! Il était temps. La Samaritaine, je l'ai dit, fut terminée dans les derniers jours d'août 1715 ; le roi mourut le 1er septembre !

Les dessins du nouveau *château*, — car la Samaritaine avait ce titre, ne l'oublions pas, — étaient de Robert de Cotte, premier architecte du roi, qui, quatre ans plus tard, devait, par ordre du Régent, construire dans le même style le *Château-d'Eau*, ce lourd vis-à-vis du Palais-Royal, disparu en 1848, après avoir été l'unique forteresse de la royauté de Juillet. Un d'Orléans l'avait fait bâtir, il tomba pour un d'Orléans !

La nouvelle Samaritaine fut plus monumentale et d'un aspect plus gracieux que l'ancienne. « Ce petit édifice, dit Piganiol[1],

---

[1] *Description de Paris*, 1765, in-8º, t. II, p. 51-52.

est rétabli avec plus d'art et de goût qu'il n'étoit auparavant. Il est composé de trois étages, dont le second est au niveau du pont. Les faces des côtés sont percées de cinq fenêtres à chaque étage, et de deux sur le devant. Ces deux dernières sont séparées par un avant-corps, en bossage rustique vermiculé et cintré au-dessus du cadran, que l'on a placé dans un renfoncement dont le bas est rempli par un groupe, qui représente Jésus-Christ avec la Samaritaine, auprès du puits de Jacob, figuré par un bassin dans lequel tombe une nappe d'eau qui sort d'une coquille au-dessus.... Sous le bassin est cette inscription :

FONS HORTORUM
Puteus aquarum viventium.

Inscription d'autant plus heureuse que, sans changer ni ajouter un mot aux paroles de l'Écriture, elle indique le sujet de la dénomination de cet édifice et en même temps sa destination, qui est de fournir de l'eau au palais des Tuileries.

« Dans le milieu, au-dessus du cintre, on a élevé une campanile de charpente, revêtue de plomb doré, où sont les timbres de l'horloge et ceux qui composent le carillon qui joue à toutes les heures. »

Les deux figures du Christ et de la Samaritaine étaient « de métal, en couleur de bronze, » comme dit G. Brice [1]. Plus tard, lors des travaux de 1776, dont nous reparlerons, on les dora complétement, ce qui ne laissa pas que de faire crier au clinquant et au mauvais goût [2]. L'une, celle du Christ assis, était de Philippe Bertrand, et on la disait du plus grand style, quoique un peu maniérée [3]; l'autre, celle de la Samaritaine, qui était debout, avait été modelée par René Fremin, et passait pour être un de ses bons ouvrages [4].

On avait fait, quand existait l'ancien groupe, bien des quolibets, bien des épigrammes au sujet de cette galante, avec laquelle Jésus daigne si longtemps converser. « Sur leur Pont-Neuf, avait dit par exemple le ca-

---

[1] *Description de la ville de Paris*, 1752, in-8°, t. IV, p. 179.

[2] Nougaret, *Anecd. des beaux-arts*, t. II, p. 464.

[3] L'abbé de Fontenai, *Dictionnaire des Artistes*, t. Ier, p. 192.

[4] *Ibid.*, p. 613.

valier Marino[1], ils ont, au-dessous de l'horloge qui sonne les heures, une statue de la Samaritaine, apparemment pour que les femmes de ce pays suivent son exemple et se pourvoient chacune de cinq maris. »

On ne plaisanta pas moins sur la nouvelle statue de la biblique paillarde : *Arrestez-vous*, disait par exemple un sixain qui fut très-populaire :

> Arrestez-vous ici, passant,
> Regardez attentivement,
> Vous verrez la Samaritaine
> Debout, au bord d'une fontaine ;
> Vous n'en savez pas la raison ?
> C'est pour laver son cotillon.

On travailla souvent à la Samaritaine. Sa machine hydraulique, son horloge et son carillon exigeaient des soins continuels, confiés tout naturellement à celui qui portait le titre de gouverneur de ce château royal, mais pour lesquels, toutefois, messieurs du Bureau de la Ville[2], craignant que ce gouverneur pour rire ne s'en remît trop à son sous-gou-

---

[1] Ph. Chasles, *Études sur l'Espagne*, p. 283.

[2] Tout ce qui regardait la police de la Seine, ponts, quais, rivages, etc., était du ressort du Bureau de la Ville. (Berryer, *Souvenirs*, t. Ier, p. 30.)

verneur ¹, et que celui-ci ne s'en remit à personne, prirent le parti de ne s'en rapporter qu'à eux-mêmes. Ainsi, nous possédons, sous la date du 8 août 1764, une lettre de M. de Vannes, alors procureur du roi et de la ville ², dans laquelle il est parlé d'une ordonnance que ce magistrat avait fait rendre, pour qu'on veillât à l'entretien de la machine. Voici cette lettre *inédite,* adressée à M. Duchesne, prévôt des bâtiments du roi ³ :

« J'envoye, monsieur, par cet ordinaire, à M. le marquis de Marigny, cent pareils exemplaires que celuy cy-joint de l'ordonnance que je viens de faire rendre pour la conservation de la machine idrolique (*sic*) de la Samaritaine. J'ay chargé les commissaires de la ville de veiller exactement à son exécution, et de me dénoncer toutes les contraventions qu'on pourroit y commettre. Je suis très-fasché de ne m'estre point trouvé chez moy,

---

¹ C'est en effet le sous-gouverneur qui administrait la pompe. (Prud'homme. *Miroir histor. de Paris,* t. III, p. 290.)

² Une des rues bâties en 1763, autour de la halle aux Blés, porte son nom.

³ Nous la devons à l'obligeance de M. Paul Mantz.

lorsque vous avés bien voulu vous donner la peine de m'y venir chercher. Je me serois entretenu avec vous avec bien du plaisir sur toutes les précautions à prendre par rapport au mesme objet.

« J'ai l'honneur d'estre très-parfaitement, monsieur, votre très-humble et très-obéissant serviteur,

« DE VANNES. »

L'horloge de la Samaritaine était célèbre, mais n'en allait pas mieux pour cela. Souvent elle était arrêtée, plus souvent elle ne marquait pas exactement l'heure. Au mois d'avril 1777, M. d'Angeviller, contrôleur des bâtiments du roi, voulut y aviser et faire qu'une fois par jour au moins on pût régler sa montre à la Samaritaine, comme sur le soleil. « Il eut l'intention, dit la *Correspondance secrète*[1], de faire poser sur la terrasse du bâtiment un canon de moyenne grosseur, lequel, par le moyen d'un verre ardent dirigé par un conduit dont un bout répondra à la lumière du canon et l'autre précisément à l'endroit où le soleil se trouve au milieu

[1] T. IV, p. 324.

de sa course, prendra feu, les jours où le ciel sera serein, et par son explosion annoncera à tout Paris l'heure de midi. Tout doit être arrangé par un calcul si juste, que le coup de canon ne doit partir qu'après le carillon de la *Samaritaine,* qui précède le premier coup de midi. »

Je ne crois pas que le projet de M. d'Angeviller ait jamais été exécuté à la Samaritaine ; mais, sept ans après, le jardin du Palais-Royal, auquel devaient échoir tant de choses de l'héritage du Pont-Neuf, pouvait déjà, quand midi sonnait, dans les beaux jours, entendre le bruit du fameux coup de canon chronométrique dont il garde encore le monopole[1] ; et voir sous ses galeries alors neuves, sous ses jeunes arbres encore peu touffus, une foule de badauds attentifs, l'oreille dressée vers la méridienne et l'œil ouvert sur l'aiguille de leur montre.

Le duc d'Orléans se promenant un jour avec Delille sous ces galeries et dans ces allées qu'une population de filles,—autre héritage de la Samaritaine,—commençait à en-

---

[1] *Mémoires secrets,* t. XXVIII, p. 63-64, à la date du 8 décembre 1784.

combrer, lui demanda ce qu'il pensait de ce lieu dont ses constructions nouvelles venaient de faire le bazar et le sérail du monde. L'abbé lui répondit par cet *impromptu* :

>Dans ce jardin, tout se rencontre,
>Excepté l'ombrage et les fleurs.
>Si l'on y dérègle ses mœurs,
>Au moins on y règle sa montre.

A la Samaritaine, on n'avait même pas ce dédommagement : les fréquentations aux alentours continuaient d'être mauvaises et périlleuses, et l'horloge continuait d'aller mal.

Quand Mercier fit son *Tableau de Paris,* trouvant ainsi tout en désarroi, il crut bon d'être inexorable pour la Samaritaine. Peu lui importa qu'elle fût le monument le plus populaire de Paris et le dernier qu'on dût à Louis XIV. Peu lui soucia qu'en demandant sa démolition il menaçât ainsi de laisser sans gouvernement l'académicien Rulhière, promu depuis quelques années à la dignité de gouverneur de ce château hydraulique et royal, par la protection du baron de Breteuil, *ministre de Paris.* Après avoir dit à quel point et pourquoi la pauvre Samaritaine lui déplaisait, il la condamna sans merci. Ce n'est, suivant lui, qu'un « petit vilain bâtiment carré, adossé au Pont-Neuf, dressé sur pilotis, et qui rompt de toutes parts un superbe coup d'œil. Cette masure, ajoute-t-il, est un gouvernement !

« Le fameux gouverneur de ce gouvernement a, dans toutes ses immenses parties, la fonction de faire entretenir l'horloge, et l'horloge ne va point. Ce cadran, vu et interrogé par tant de passants, est des mois entiers sans marquer les heures. Le carillon est aussi défectueux que l'horloge : il déraisonne publiquement ; mais du moins on a le droit de s'en moquer.

« Il sonne dans toutes les cérémonies publiques, surtout quand le roi passe. Le roi peut entendre le morceau de musique qui réjouissoit son trisaïeul ; et si la figure de Henri IV, qui est tout à côté, avoit des oreilles, elle pourroit achever l'air.

« Vu la réputation dont la Samaritaine jouit dans toute l'Europe, on devroit bien moins négliger son carillon et son horloge ; mais, c'est un gouvernement ; c'est tout dire : les clochettes n'y seront jamais d'accord.

« Quand fera-t-on disparaître ce monument sans goût, qui s'offre à l'œil avec le quai du Louvre et le quai des Théatins, qui gâte l'ensemble des deux rives, et qui ne sert qu'à élever l'eau pour quelques bassins, qui n'en sont pas moins à sec les trois quarts de l'année ? »

Pauvre Samaritaine ! comme il fallait qu'elle fût déchue, pour qu'on ne craignît pas d'avoir si peu de respect et de pitié pour elle ! Le Pont-Neuf tout entier, à l'époque où Mercier parlait ainsi, c'est-à-dire peu d'années avant 1789, avait part à cette disgrâce.

Il avait eu un peu le sort du *Cours-la-Reine.* La vogue et la foule l'avaient quitté pour se porter ailleurs. A certains jours seulement la popularité revenait encore au Pont-Neuf et au Cours.

Ainsi, pendant la semaine sainte, le pèlerinage de Longchamp, le 30 août, la *foire de Bezons,* qui se tenait au rond-point de l'Étoile, le 14 du même mois, la *foire Saint-Ovide* qui, à partir de 1771, avait été transférée de la place Vendôme à la place Louis XV, attiraient momentanément la foule du côté du Cours des Champs-Élysées. Pendant tout le mois de février, et jusqu'au dimanche des Rameaux, c'est à la foire Saint-Germain qu'elle se portait, et l'affluence alors ne cessait pas, du matin au soir, sur le Pont-Neuf, chemin le plus naturel et le plus direct, pour les gens qui, de tous les quartiers de Paris, se rendaient au préau de cette foire.

Le reste de l'année, surtout dans les beaux jours, le monde était au Rempart, vers l'ancienne porte du Temple, au *beau Boulevard,* comme on disait. Les carrosses les plus à la mode portaient les dames du grand monde, et du galant ; le petit monde allait à pied dans la poussière du grand.

A partir de 1754, la première année de la vogue, de la *folie* des boulevards[1], il ne fut plus du bon air de parler du *Cours,* et moins encore de ce pauvre Pont-Neuf. Le Boulevard, à la bonne heure, vive le Boulevard ! « Avez-vous juré de me donner de l'humeur avec votre *Cours ?* dit une marquise à qui quelqu'un s'avisait de vanter encore les Champs-Élysées[2]. Est-il rien au monde de plus ennuyeux qu'une avenue toute *droite* tirée au cordeau, étouffée d'un côté, bordée de l'autre d'un

---

[1] *V. Critique sur la folie du jour, ou la promenade des boulevards,* 1754, in-12.

[2] *La Folie du jour ou la promenade des boulevards* (s. l. n. d.), in-4º, p. 6-7.

bassin maussade à la vue? Encore si l'on pouvoit s'y promener en équipage, peut-être passeroit-on sur tant de désagréments. Comparez maintenant tout cela aux délicieux Boulevards : vous verrez si votre insipide Cours gagne au parallèle. Ce spectacle bruyant d'équipages, de livrées, de chevaux, de diables, de *culs de singe,* de *désobligeantes;* de *capriolet* (sic) : d'un côté des *guinguettes,* des *marais,* l'admirable vue de Montmartre ; de l'autre des *cabarets,* des *parades,* des spectacles sans nombre, un peuple énorme, etc. »

Ainsi, tout alors était là : la foule et ce qui l'attire avaient émigré de ce côté. A peine restait-il quelque arracheur de dents au Pont-Neuf.

Lorsque Gabriel Saint-Aubin dessina son charlatan type[1], c'est encore au bas du Cheval de Bronze qu'il l'installa, mais ce n'était peut-être que pour obéir à une vieille tradition. Tout charlatan bien avisé devait être au *beau Boulevard.* Marmontel, sans doute

---

[1] Au bas on lit ces vers :

> Le charlatan, sur la place publique,
> Jouant les médecins, se croit au-dessus d'eux.
> Le médecin méprise l'empirique
> Et le sage, à bon droit, se rit de tous les deux.

aussi pour se conformer à la tradition, plaça de même, au Pont-Neuf, l'illustre opérateur de Florence, dont les victimes donnaient si bien par leurs cris des leçons de pathétique à Glück :

> Sur son passage, un nombreux auditoire
> Environnoit l'opérateur toscan,
> Qui, sur le Pont, théâtre de sa gloire
> Les deux bras nus, armé d'un pélican,
> Alloit d'un rustre ébranler la mâchoire.
> « —Oh! oh! dit Glück, sans aller plus avant,
> « Je trouve ici le tragique en plein vent.
> « Écoutez bien comme il faut que l'on chante :
> « Ici, messieurs, la nature est sans fard ;
> « Vous allez voir qu'elle en est plus touchante
> « Et que les cris sont le comble de l'art ! »
> Sur les tréteaux, la Victoire tremblante,
> Le front couvert d'une froide pâleur,
> Les yeux au ciel et la bouche béante,
> En frémissant attendoit la douleur.
> Au ratelier le pélican s'attache,
> Le manant crie et la dent se détache.
> « —Vous l'entendez, cet accent douloureux,
> « S'écrioit Glück : voilà du pathétique,
> « Voilà le chant, le vrai chant dramatique ! »

Louis XV, dont la destinée fut de n'être pas populaire, sembla, par suite de cette vocation d'impopularité, prendre à tâche de faire au Pont-Neuf tout ce qui pouvait déplaire au peuple et le mécontenter.

Les bouquinistes y étaient revenus, et, depuis près d'un siècle, y avaient recommencé leur commerce, comme au temps qui avait précédé les défenses de Mazarin :

> Ces pauvres gens, chaque matin,
> Sur l'espoir d'un petit butin,
> Avecque toute leur famille :
> Garçons, apprentifs, femme et fille
> Chargez leur col, et pleins leurs bras
> D'un scientifique fatras
> Venoient dresser un étalage
> Qui rendoit plus beau le passage,
> Au grand bien de tout reposant,
> Et honneur dudit exposant
> Qui, tous les jours, dessus ses hanches,
> Exceptez festes et dimanches,
> Temps de vacance à tout trafic,
> Faisoit débiter au public
> Denrée à produire doctrine
> Dans la substance cérébrine [1].

Louis XV, qui, pour cause, craignait cette *denrée* de l'intelligence, fit ce qu'avait fait Mazarin. Les défenses de 1649, reprises mais sans rigueurs trop formelles en 1686, furent expressément renouvelées en 1742, le 25 septembre :

« Sa Majesté, lit-on dans l'ordonnance datée

---

[1] *Requeste du Pont-Neuf*, dans le volume intitulé *Poésies d'auteurs de ce temps*, Champoudry, in-12, p. 131.

de ce jour-là[1], étant informée que la licence touchant l'impression et le débit des livres seroit parvenue à un tel point que toutes sortes d'écrits sur la religion, sur le gouvernement de l'État et sur la pureté des mœurs, imprimés dans les pays étrangers, ou furtivement dans quelques villes de son royaume, sont introduits par des voies obliques et détournées dans sa bonne ville de Paris, et y sont distribués par des gens sans qualité et sans aveu, qui les colportent dans des maisons particulières, dans les hôtelleries, les cabarets, les cafés, et même par les rues, ou qui les débitent à des *étalages de livres sur les ponts, quais, parapets,* carrefours et places publiques, et affectent de garnir ces étalages d'autres livres, vieux ou neufs, la plupart vendus et volés par des enfants de famille ou des domestiques, et recélés par ces étaleurs; et que ces abus, également défendus par les ordonnances et règlements intervenus sur le fait de la librairie et de l'imprimerie, ont fait un tel progrès que ceux préposés pour y veiller n'ont pu en arrêter le cours, ni même exercer la

---

[1] Fréminville, *Dictionnaire ou traité de la police générale,* p. 400-402.

police, qui leur est commise, sans exposer leur vie, par la rébellion et la violence de ces sortes de gens, qui sont soutenus par les gagne-deniers servant sur les ports, et autres de la populace ; à quoi étant nécessaire de pourvoir, Sa Majesté a fait très-expresses inhibitions et défenses à toutes personnes d'introduire en cette ville de Paris, par voies subreptices et contraires à la disposition des règlements rendus pour l'entrée des livres, aucuns libellés ou imprimés, sous les peines portées auxdits règlements. Fait pareillement défenses à toutes personnes, même aux libraires ou imprimeurs de faire aucuns étalages de livres, et d'avoir des boutiques portatives sur les ponts, quais, parapets, carrefours, places publiques, et autres lieux de ladite ville de Paris, même dans les maisons royales et privilégiées en quelques manières et sous quelques prétextes que ce soit, à peine de mille livres d'amende, de confiscation et de prison, même de punition exemplaire si le cas y échet, etc. »

Ce ne fut pas assez de cette proscription des libraires étalagistes. Quatorze ans après, tous les petits détaillants du Pont-Neuf furent frappés à la fois. Vous savez qu'ils étaient sans nombre et d'une variété de négoce incroyable :

> Pont-Neuf ayant cest honneur-là
> . . . .
> De recevoir dessus son dos
> Tous revendeurs, petits et gros,
> Quelle que fût leur marchandise,
> Sans égard de maistre ou maistrise [1]...

Les boutiques mobiles qu'ils occupaient, avaient été placées sur le pont, avec le consentement d'Henri IV lui-même.

Elles obstruaient sans doute un peu les *banquettes* ou trottoirs et gênaient un peu la vue, mais tant de pauvres petits marchands pouvaient y trouver à gagner leur vie, que le bon roi n'avait pas voulu s'opposer à ce qu'on les construisît. Il se réserva seulement de disposer du prix de leur location au profit de qui lui conviendrait. Ce fut encore pour faire du bien. Ses grands valets de pied furent chargés de toucher les loyers, et il leur en laissa l'argent. Sous ses successeurs, il en fut de même[2]. Dans l'édition de la *Descrip-*

---

[1] *Requeste du Pont-Neuf*, p. 131.
[2] G. Brice, *Description de la ville de Paris*, 1752, in-8°, t. IV, p. 164.

tion de la ville de Paris de Germain Brice, donnée en 1752[1], on lit encore : « Les boutiques portatives que les marchands dressent et qu'ils défont tous les jours, sont louées au profit des grands valets de pied du roy. C'est un don que leur a fait Henry IV, et dont ils ont joui jusqu'à présent. »

Quatre ans après, en 1756, tout fut changé. Pourquoi ? Je ne sais.

Le Pont-Neuf avait toujours été, depuis qu'il existait, un centre d'encombrement de mille sortes. Si Boileau avait voulu faire une vraie satire descriptive des *Embarras de Paris*, c'est là, au milieu de l'inextricable tohu-bohu de jour et de nuit, qu'il en aurait dû placer la scène, ainsi que s'en avisa du reste en 1720 je ne sais quel graveur, dont l'estampe intitulée franchement l'*Embarras de Paris*, nous montre le Pont-Neuf dans toute sa longueur avec tout son chaos en mouvement. On lit au-dessous :

> Pour marcher dans Paris ayez les yeux alertes,
> Tenez, de tous costez, vos oreilles ouvertes,
> Pour n'estre pas heurtez, culbutez ou blessez ;

---

[1] G. Brice, *Description de la ville de Paris*, in-8º, t. IV, p. 164.

Car, si vous n'escoutez parmi le tintamarre :
« Gare ! gare ! là-bas ; gare ! rangez-vous, gare ! »
Ou du haut, ou du bas, vous serez écrasez.

Cela ayant toujours été, l'on s'en accommodait, quand le lieutenant de police de fonction, en 1756, eut l'imprudence de vouloir mettre de l'ordre dans ce désordre. Il crut que si l'on débarrassait les trottoirs, les passants ayant plus d'espace, ne courraient plus risque d'être écrasés sur la chaussée du pont ; et sans dire gare il fit enlever les petites boutiques [1]. On n'avait pas crié contre les accidents, mais il faut voir quels beaux cris on poussa contre la mesure prise ainsi pour les prévenir. Le peuple n'aime pas qu'on prenne soin de lui, malgré lui. Il se plait dans ce qui le gêne, tant qu'il ne s'est pas plaint lui-même d'être gêné.

Pour lui, le Pont-Neuf débarrassé, le Pont-Neuf sans encombrement, n'était plus le Pont-Neuf, de même que la Cité sans ses ruelles, la Cité reconstruite et devenue un beau quartier bien habitable, n'aurait plus été la Cité. Je pourrais donc répondre à coup sûr que les projets conçus par madame de Pompa-

---

[1] Piganiol, *Description de Paris*, t. II, p. 50.

dour pour faire, de l'antique berceau de Paris, une ville toute neuve au milieu de la ville ancienne, auraient singulièrement mécontenté le peuple. Mais la vocation de la marquise, comme celle du roi, était d'être impopulaire, et comme Louis XV, elle suivait cette destinée !

Que voulait-elle au juste avec ses grands projets de transformation de la Cité ? Faire raser tout ce qui entourait Notre-Dame et le Palais, et bâtir sur l'espace déblayé de larges rues, bien alignées, bien saines, dont chaque maison aurait été ornée au-dessus de son rez-de-chaussée d'un large balcon en terrasse destiné à servir d'auvent, au-dessus des trottoirs [1]. Des compagnies financières se chargeaient de l'entreprise, et comme il s'agissait d'acheter à vil prix de misérables masures, puis de rebâtir de magnifiques maisons qu'on revendrait fort cher, les bénéfices, dont, cela va de soi, la marquise aurait eu sa belle part, promettaient d'être considérables. L'affaire manqua pourtant. Les couvents, que ces projets menaçaient, réclamèrent; les nombreuses églises

---

[1] Soulavie, *Mémoires histor. et anecd. de la Cour de France, etc,*, 1802, in-8°, p. 259.

qu'il eût fallu raser, portèrent plainte, et le roi, malgré la marquise, leur donna raison. L'idée fut abandonnée, la Cité resta ce que nous l'avons vue si longtemps, et Louis XV manqua une nouvelle occasion d'impopularité[1].

Pour qu'il déplût à tout jamais au peuple, qui l'avait pourtant surnommé le *bien-aimé*, il suffisait de ce qu'il avait fait au Pont-Neuf, en décrétant l'expulsion des libraires étalagistes, et en délogeant par ordonnance les petites boutiques des trottoirs. Si alors, comme il en était question, l'on eût élevé par ici un monument pour l'impopulaire Majesté, soit à la place Dauphine sous forme d'une *colonne Ludovise*, dont Patte a donné le plan[2] ; soit au carrefour Buci, considérablement

---

[1] Le projet de madame de Pompadour est en partie réalisé. La Cité est, ou peu s'en faut, reconstruite. Ce qu'il en reste va disparaitre : tout l'îlot compris entre les rues de la *Cité*, de *Constantine*, le *Palais de Justice* et le *quai du Marché-Neuf* sera bientôt rasé, pour faire place à une caserne de gendarmerie. Cent dix maisons, occupées pas six mille personnes environ, seront démolies.

[2] *Monument érigé en France en l'honneur de Louis XV*, 1765, in-fol., p. 191.

agrandi [1], soyez sûr que le peuple mécontent n'eût pas laissé ce monument sans insulte. On fit donc bien de l'élever plus loin, au delà des Tuileries, presque hors Paris, c'est-à-dire au milieu de cette place, où le nom de la *Concorde* a remplacé celui de *Louis XV*.

Ici encore, il s'en fallut de peu que le gouvernement ne prît une mesure qui fût, de loin, funeste au Pont-Neuf. Voici comment : Lorsque le projet d'une place monumentale sur l'espace en marais, compris entre le Pont-Tournant des Tuileries et les Champs-Élysées, avait été adopté, on s'était demandé quels édifices il faudrait y construire pour orner dignement le côté qui regarde le midi, et donner ainsi une belle entrée à la rue Royale.

Il fallait deux somptueux bâtiments. On décida que l'un servirait d'hôtel aux mousquetaires noirs, et que dans l'autre, on établirait *la Monnaie*, dont l'hôtel tombait en ruine, au milieu de la rue, voisine du Pont-Neuf, qui lui doit le nom qu'elle a gardé. Une ordonnance du 7 janvier 1765, consacra ce projet et tout le monde l'agréa, même le marquis d'Argenson, l'un des grands opposants du

---

[1] *Mémoires de d'Argenson*, édit. Elzevir., t, III, p. 214, 316.

règne. Il n'y voulait qu'une modification de détail. Suivant son plan, le nouvel *Hôtel des Monnaies*, au lieu de se trouver à l'un des côtés de la rue Royale, aurait dû être bâti sur l'autre rive de la Seine, à l'un des angles de la rue de Bourgogne, qu'on eût prolongée jusqu'au quai, sur l'espace occupé maintenant par le Corps Législatif, et de façon par conséquent, à ce qu'elle fît perspective avec la rue Royale[1]. Mais peu importait que la Monnaie fût sur la rive gauche ou sur la rive droite. Le point capital, c'est qu'elle allait ainsi se trouver à longue distance du Pont-Neuf.

Quand les orfévres du quai eurent connaissance de ces projets, ils s'en émurent fort. Faudrait-il donc, chaque fois qu'un objet d'or ou d'argent serait à contrôler par *la Monnaie*, que leurs apprentis, accoutumés à n'aller qu'à deux pas du Pont-Neuf, fissent désormais un véritable voyage? Que de temps, que de pas perdus! Ils s'en plaignirent au prévôt des marchands, le prévôt porta leur plainte au roi, et, par hasard, on en tint compte.

Il parut évident que si *la Monnaie* était trans-

---

[1] *Mémoires de d'Argenson*, t. IV, p. 88.

portée à la place Louis XV, les orfévres seraient obligés de déguerpir du Pont-au-Change et de ses environs, ainsi que du quai splendide dont ils occupaient toutes les boutiques. Dès lors, toute la physionomie d'un quartier célèbre changeait, toute sa richesse disparaissait. La solitude se faisait où avait été la foule : le jour, plus d'étincelants étalages attirant les curieux du Pont-Neuf ; et, le soir, par suite, plus de promenades galantes sur ce quai favori [1], où l'amoureux aimait tant à deviser avec son amoureuse, en lui montrant du doigt ces richesses, aussi ardemment désirées que galamment promises.

Il fut décidé que si l'on rebâtissait *la Monnaie*, on la laisserait dans le voisinage du quai des Orfévres. Mais où la placerait-on ?

Le choix ne fut pas long à faire. Depuis 1748, l'hôtel de Conti, autrefois de Nesles, puis de Nevers, puis Guénégaud [2], se trouvait à vendre. On avait songé d'abord à y placer la surintendance des bâtiments du roi [3], puis le projet avait été abandonné, et l'emploi de ce

---

[1] *Aventure de Philidor sur le quay des Orfévres*, 1713, in-8°, p. 1.
[2] *V.* plus haut, p. 78, 115, 116.
[3] D'Argenson, t. IV, p. 24-25, 33.

beau terrain à la descente même du Pont-Neuf était toujours en question. Il cessa de l'être, dès que les réclamations des orfévres eurent persuadé au gouvernement qu'il devait renoncer à la place Louis XV pour son nouvel hôtel des Monnaies.

C'est sur le terrain de l'hôtel Conti qu'on décida qu'il serait bâti, et c'est là qu'il le fut en effet. L'ordonnance royale du 16 avril 1768, qui donna force de loi à cette décision, expose sommairement tous ces faits. Son préambule est, sur cette question, un vrai chapitre d'histoire [1] :

« Par nos lettres patentes du 7 janvier 1765, y est-il dit, nous aurions ordonné, attendu la vétusté de notre hôtel actuel des Monnaies à Paris, qu'il en seroit construit un autre sur le terrain vague entre la rue Royale et celle des Champs-Élysées (ci-devant appelée de la Bonne-Morue), derrière les façades qui servent de décoration à la place où est posée notre statue équestre ; il nous auroit été représenté par nos chers et amés les prévôt des marchands et échevins de notre bonne ville

---

[1] Lazare, *Dictionnaire des Rues de Paris*, deuxième édition, p. 550-551.

de Paris que l'exécution de nos lettres patentes pourroit ralentir l'activité du commerce de l'orfévrerie, en ce que l'emplacement destiné pour ce nouvel hôtel des Monnaies se trouveroit considérablement éloigné du centre de notre capitale, et que les orfévres et autres correspondants aux Monnaies seroient obligés de perdre un temps considérable pour y porter leurs ouvrages ou matières, et comme nous n'avons en vue que le plus grand avantage des habitants de notre bonne ville de Paris, et la facilité et commodité du commerce, nous avons estimé convenable de déférer aux représentations qui nous ont été faites à cet égard, en assignant au nouvel hôtel des Monnaies, qu'il est nécessaire de construire, un nouvel emplacement, plus à la portée des orfévres et autres commerçants et fabricants de matières d'or et d'argent, et en ordonnant tous les autres arrangements que ce changement exige. »

Ce dut être une grande joie pour les orfévres et pour toutes les personnes, nombreuses dans ces parages, dont le travail ou le maniement de l'or était le métier. Barrême, le fameux François Barrême, s'il eût encore vécu, l'aurait certainement partagée, et, peut-être que par quelque nouvelle production de sa muse mathématique [1], il eût célébré, comme le plus heureux des hasards, cet établissement de l'hôtel des Monnaies dans son voisinage, à lui, l'illustre auteur du *Livre des Monnoyes* et des *Comptes faits*. Voici, d'après l'édition princeps de ce dernier ouvrage, édition publiée en 1669, l'adresse du grand calculateur, et le détail de son industrie. On y verra que le nouvel hôtel où, d'après les ordres de Louis XV, l'argent et l'or allaient être désormais monnayés, n'aurait pas, en effet, eu de voisin plus proche que ce brave homme, dont le talent fut d'enseigner à bien compter l'or et l'argent :

« *Le Livre des tarifs où, sans plume et sans peine, on trouve les comptes faits divisés en trois parties : savoir les tarifs communs, les tarifs particuliers, les tarifs du grand commerce, dédiés à monseigneur Colbert, ministre d'Estat, etc., par* BARRÊME, *mathématicien, lequel enseigne brieuvement l'arithmétique. Se vend chez luy, à Paris,* AU BOUT DU PONT-NEUF, ENTRANT EN LA RUE

[1] Barrême avait en effet la passion des vers, passion malheureuse, dont on peut juger par quelques citations faites dans le *Magasin pittoresque*, 1852, p. 181.

D'AUPHINE (sic), *où il y a des affiches sur sa porte, et chez Hugues Senus, marchand liurère (sic), rue Richelieu.* »

Si Louis XV, par son ordonnance de 1768, qui prescrivait de construire la Monnaie à l'une des descentes du Pont-Neuf, avait, une fois dans son règne, bien mérité du peuple et des marchands, et racheté ainsi le tort qu'il s'était fait douze ans auparavant, quand les petites boutiques mobiles avaient été enlevées, il ne sut que trop bien prendre sa revanche l'année suivante. Il retomba dans son impopularité naturelle, de tout le poids d'un projet des plus impopulaires.

Ce qui avait toujours ajouté à l'originalité du Pont-Neuf, et doublé pour ainsi dire le charme animé de son mouvant tableau, c'est que, grâce à l'absence de toute construction sur ses côtés, ce tableau s'agitait sans obstacle dans une vaste perspective, et n'avait que l'horizon pour cadre. Le peuple appréciait d'autant plus cet avantage, que l'état des autres ponts, encombrés de maisons à quatre ou cinq étages, lui faisait sentir, par le contraste, tout ce qu'il y avait de charme à respirer là, mieux que dans une rue, à humer l'air du fleuve, et à contempler, après avoir détaché les yeux des scènes populaires, l'admirable spectacle du soleil à son lever ou à son coucher. Henri IV, nous l'avons dit, ne s'était opposé à ce que l'on construisît sur le Pont-Neuf, que parce que ces constructions auraient gêné le peuple dans sa pleine jouissance du grand air et de l'horizon. Il trouvait d'ailleurs que son Louvre, dont ces bâtisses auraient masqué la vue, était bon à voir. Enlever tout d'un coup, ne fût-ce qu'un coin de ce spectacle, obstruer, sans dire gare, ne fût-ce qu'une partie du tableau, était chose grave, et celui qui l'essayerait, courrait grand risque. Louis XV pourtant voulut le tenter. Il ne savait pas combien le peuple aimait le Pont-Neuf, même avec ses défauts ; combien l'habitude le lui avait rendu sacré, tel qu'il était ; et combien enfin il lui en aurait coûté, même d'y voir ajouter un ornement de plus. C'eût été comme un peu de fard et des mouches sur le visage d'une commère. Or, le projet de 1769, pour se faire bien venir, se donna justement comme un de ces projets d'embellissement.

De quoi s'agissait-il ? D'élever de petits pavillons sur chacun des hémicycles qui couronnaient les piles, et d'installer dans ces pavillons quelques-uns de ces marchands qui, depuis la disparition des petites boutiques mobiles, ne trouvaient plus où se loger sur le Pont-Neuf. On fit valoir ce qu'il y aurait d'avantage à lui rendre ainsi une partie de son animation disparue avec le petit négoce ; on fit sonner haut l'élégance qui serait donnée aux pavillons ; puis mêlant à tout cela l'attrait d'une bonne œuvre, on eut soin d'annoncer que les loyers des nombreuses boutiques seraient perçus, non par les gens du roi, mais par l'Académie de peinture et de sculpture, qui trouverait ainsi d'utiles sommes pour le soulagement de ses pauvres. Dans tout cela, le peuple ne vit que ce que l'on négligeait de lui montrer ; il ne comprit que ce qu'on ne lui disait pas. En un mot, s'il s'inquiéta peu ou point de l'embellissement que le Pont-Neuf pourrait ainsi recevoir, et de la bonne œuvre dont MM. les peintres et sculpteurs palperaient ainsi les bénéfices, il s'occupa beaucoup de la gêne qui résulterait pour lui de ces constructions, et cria bien haut, dès qu'il eût vu les plans, qu'on allait lui enlever tout son bon air, toute sa perspective.

Le projet n'eut donc pas de succès, bien que les dessins faits par quelqu'un qui était de l'Académie, et qui avait par conséquent intérêt à ce qu'ils pussent séduire, eussent présenté l'idée sous sa forme la plus favorable. Ils représentaient les pavillons à construire, et leur donnaient sous leurs différentes faces la physionomie la plus coquette. On lisait au bas la note suivante :

« *Projet pour la construction des guérites décorées que S. M. a permis à son Académie royale de peinture et de sculpture dans les demi-lunes du Pont-Neuf, en* 1769.

« *Ces estampes font voir que loin de défigurer ce beau pont, ces guérites ne peuvent que contribuer à son embellissement.* »

Louis XV eut le bonheur que ce projet, comme tant d'autres plus importants de son règne, ne pût pas être activement poussé, et que le peuple manquât ainsi une nouvelle occasion de le maudire. Il en avait bien d'autres ; mais indulgent toujours, n'ayant pas aigri sa gaieté par le mélange de ces passions révolutionnaires où devaient se perdre un peu plus tard tous les éclats de sa bonne humeur, il n'exhalait encore ses anathèmes qu'en chansons gaillardes.

Il en avait fait contre madame de Pompadour, il en fit davantage contre madame du Barry, mais c'est du couplet par allusion que sa malice s'arma surtout contre l'une, et contre l'autre. La police, dont nous connaissons déjà la clairvoyance sévère, veillait d'ailleurs à ce qu'il ne sepermît pas de plus transparentes méchancetés.

Les pauvres chanteurs « sous parapluie rouge et sur tabouret, » comme les appelle Scarron [1], avaient le droit de s'égosiller en tout temps pour quelques gaudrioles peu vêtues, et de s'altérer, sans gêne, au gros sel de ces gaillardises. Tous les petits scandales de ménage étaient abandonnés à la mauvaise langue et aux mauvaises rimes de ces satiriques enroués, et le poëte du *Parnasse des Muses* pouvait dire en consolation ironique à un pauvre époux trompé :

> Tu seras cornu comme un bœuf
> Dans les chroniques du Pont-Neuf.

L'illustre Charles Minard, le Picard [2], ayant en

---

[1] *Virgile travesti*, édit. V. Fournel, in-18, p. 364.
[2] La gravure qui le représente a été reproduite dans la 26ᵉ livraison du *Musée de la Caricature en France*.

main un violon et sur le dos la hotte dans laquelle s'entassaient, comme chiffons, les cahiers à couverture bleue ou, ainsi qu'on disait, les *bluettes*[1] de son répertoire, pouvait fort bien chanter tout le jour à tue-tête, et sans vergogne, quelques chefs-d'œuvre grivois dans le genre de la fameuse chanson : *Les Aventures de La Ramée :*

> L'an mil sept cent vingt et neuf,
> En passant sur le Pont-Neuf,
> Je rencontrai z'une dame,
> Qui, me faisant les yeux doux,
> Crut me déclarer sa flamme
> En me disant : Est-ce vous ? etc. [2]

Libre était au non moins célèbre Michel Leclerc, de Dourdan [3], de psalmodier sur sa vielle désorganisée la complainte de tous les suppliciés, et d'écorcher ainsi les pendus après leur pendaison. La police y consentait et le demandait même. Quand Desrues, l'épicier, fut roué, c'est elle qui commanda sa

---

[1] On appelait en effet *bluets* et *bluettes* les petits volumes de la Bibliothèque bleue. *V.* les *Poésies* de Ducerceau, t. Ier, p. 312.

[2] *V. Altfranzœsische Volkslieder*, par Wolf, Leipzig, 1831, in-12, p. 148.

[3] *Musée de la Caricature en France*, 26e livraison.

complainte[1]. Elle encourageait surtout celles plus héroïques où la gloire de quelque grand général tout nouvellement mort était célébrée. Ainsi, lorsque, sur l'air déjà populaire qui fut rajeuni plus tard, pour Fualdès, quelques chanteurs du Pont firent là fameuse complainte du maréchal de Saxe :

> Écoutez, peuple de France,
> Et du Nord et du Midi,
> Peuple d'Italie aussi,
> Du cap de Bonne-Espérance ;
> Pleurez du grand maréchal
> De Saxe, le sort fatal ;

elle cria bravo. Quand d'autres, pour faire concurrence, chantèrent le même sujet, sur le même air et presque dans le même style :

> Toute la France est en extase,
> Tout le peuple a la larme à l'œil
> De voir dedans le cercueil
> Le grand maréchal de Saxe,
> Qui fut mis au rang des morts
> Au beau château de Chambord;

elle cria bravo, bravo encore! Cette émulation de fausses notes et de *pataquès*, qui indiquait chez le peuple et chez ses poëtes une éducation peu inquiétante, lui plaisait. Ses

---

[1] *Mémoires secrets*, t. X, p. 139, 146.

agents, d'ailleurs, aimaient, et pour cause, les foules amassées, bouche béante, l'oreille ouverte, l'œil écarquillé, tout alentour de ces bardes du parapluie rouge et du tabouret. Ils savaient que s'il n'y avait pas de chanteur sans foule, il n'y avait pas non plus de foule sans filou. Or, quand le badaud venait le nez au vent s'ébaudir des refrains nouveaux, et le voleur exploiter les poches, comme le chanteur exploitait les oreilles, en les déchirant un peu, ils venaient, eux, guetter quelque bonne prise, et, presque toujours, la part la plus sûre était la leur.

Panard, dans sa *Chanson des rues*[1], où la prose alterne avec le couplet, a mis en scène sur le Pont-Neuf un chanteur et une chanteuse, autour desquels s'est fait un de ces attroupements d'attentions badaudes, où le filou cherche, où la police guette. La chanteuse crie : « Chansons nouvelles ; à deux liards, à deux liards ! » et le chanteur, pour mettre en goût son monde, entonne le couplet, dont ils reprennent le refrain en *duo*. Le public ne mord pas, quoique l'air soit joli ; c'est celui qui a pour refrain :

---

[1] *Œuvres choisies de Panard*, 1803, in-12, t. II, p. 142-148.

Tirli, tirli, tirlitaine,
Tirli, tirli, tirlitout!

Alors le chanteur déroule une grande pancarte, l'accroche toute déroulée au haut du long manche de son parapluie déployé, et pendant que sa femme prend une baguette et s'apprête à faire la démonstration, il chante :

Vous allez, dans ce tableau,
Voir une preuve certaine,
Comme ce refrain nouveau
Plaît dans quelqu'état qu'on prenne
Et qu'on fait servir à tout;
Tirli, tirli, tirlitaine,
Tirli, tirli, tirlitout.

La démonstration commence, avec gestes et chant. Chaque figure, chaque groupe de la pancarte a son couplet : c'est un procureur qui pour enseigner à son fils comment on s'y prend avec le plaideur, lui chante :

Tirli, tirli, tirlitout ;

c'est un médecin qui dit le même refrain à son élève ; un grec à un apprenti joueur, etc. Rien n'y fait, les badauds laissent chanter, et n'achètent pas plus à la fin qu'au commencement, et pourtant les prix sont baissés. La chanteuse ne crie plus : « A deux liards la chanson ! » mais bien : « Trois pour un sou, deux pour trois liards ! » Voyant que c'est chanter et crier en pure perte, elle veut dire au moins son fait à cette troupe badaude ; elle a vu s'y glisser un filou de sa connaissance, et pendant qu'il opère sur quelques-unes de ces poches dont l'argent a tant de peine à sortir et qu'il faut pourtant débarrasser de leur poids, elle chante :

> Un jour, un certain nigaud,
> Près de la Samaritaine,
> Etoit à lorgner en haut,
> Les deux mains sur sa bedaine ;
> Pendant ce temps, un filou....

LE CHANTEUR ET LA CHANTEUSE, ENSEMBLE.

> Tirli, tirli, tirlitaine.

LA CHANTEUSE.

> Pendant ce temps, un filou,

ENSEMBLE.

> Tirliti, lui tira tout.

Et tout le monde de rire, surtout le voleur, qui a fait son coup pendant qu'on le chantait.

Pour que la scène fût complète, il ne faudrait que l'arrivée de quelques hommes de police, mais soyez sûrs qu'ils ne sont pas loin, et que si le drôle n'est pas pris cette fois, il ne tardera pas à l'être. Pour peu qu'il résiste, on criera main-forte; les soldats du corps de garde bâti sur le terre-plein, près du Cheval de Bronze, accourront, et son affaire sera faite pour longtemps.

Si le chanteur, au lieu de la chanson que je viens de vous conter, s'en était permis quelque autre, un peu trop directe contre le roi ou la favorite, c'est sur lui qu'on aurait mis la main. Il s'en garde donc de son mieux.

On peut chanter hardiment à Versailles, sur le fameux air des *Trembleurs d'Isis*, la chanson faite par Pont de Veyle à un souper chez M. de Maurepas, contre madame de Pompadour[1] :

> Une petite bourgeoise
> Élevée à la grivoise,
> Mesurant tout à sa toise,
> Fait de la cour un taudis.
> Le Roi, malgré son scrupule,
> Pour elle froidement brûle ;
> Cette flamme ridicule

---

[1] *Journal de Collé*, t. Ier, p. 57.

> Excite dans tout Paris
> Les ris, les ris, les ris.

* * * * * * *

> La contenance éventée,
> La peau jaune et truitée,
> Et chaque dent tachetée,
> Les yeux fades, le col long;
> Sans esprit, sans caractère,
> L'âme vile et mercenaire,
> Le propos d'une commère,
> Tout est bas chez la Poisson,
> Son, son, son....

De pareils couplets n'arriveront jamais jusqu'au Pont-Neuf; s'ils y passent, ce ne sera que sous le manteau. Panard, dans une énigme, fait dire au Vaudeville[1] :

> Originaire de Provence,
> J'habite maintenant tous les lieux de la France,
> Chez les étrangers, même, on me voit quelquefois.
> Des environs de la Samaritaine,
> La mode me conduit dans le palais des rois ;

soit, mais du palais des rois, il ne venait pas à la Samaritaine. Il pouvait monter, il ne descendait pas. La prudence l'en empêchait. A la cour, où on le chantait à mi-voix; portes closes, il fallait bien le tolérer; au Pont-Neuf, on l'aurait saisi. Le couplet par

---

[1] *Œuvres choisies*, t. III, p. 204.

allusion, la malice indirecte pouvaient seuls, nous le répétons, s'y donner carrière.

Le bruit s'était répandu que François Poisson, père de la marquise, avait été fermier à la Ferté-sous-Jouarre, et qu'il y avait encore des moulins [1]; vite, la chanson en prit acte au Pont-Neuf. On réveilla de vieux couplets grivois, déjà populaires sous la Régence [2], et sous prétexte de chanter *la Meunière*, on chansonna madame de Pompadour :

> L'autre jour, me promenant
> Par devant derrière,
> Je vis un objet charmant
> Par derrière, et par devant,
> C'étoit la Meunière
> Du moulin à vent.

Pour chansonner madame du Barry, le procédé d'allusion fut le même. Des couplets couraient depuis bien longtemps déjà, peut-être depuis l'époque de Turlupin, dans lesquels on

---

[1] Alb. de la Fizelière, *Gazette des Beaux-Arts*, t. III, p. 207.—*V*. sur la véritable profession du père de la marquise l'acte de naissance de celle-ci. (*L'Esprit dans l'Histoire*, 2ᵉ édition, p. 301, note.)

[2] Nous possédons un petit livret de chansons de 1722, où elle se trouve.

contait l'infortune d'une fille galante, tombée d'amour en maladie, et du plaisir à l'hôpital. D'abord, au temps de ses aventures avec Turlupin le souffreteux, « malheureux de nature, » on l'avait appelée la Boulonnaise [1]. Pourquoi? je ne sais. Ensuite, le nom se transforma, la Boulonnaise devint la Bourbonnaise. Pourquoi encore? je ne le sais pas davantage; mais avec le nom de la pauvre fille, n'avait pas changé sa destinée ; *elle était* toujours :

Elle étoit bien mal à son aise,
La maîtresse de Blaise,
La Bourbonnaise !

Comme on la chantait encore, elle et ses malheurs, voilà qu'une fille d'origine semblable, mais de fortune bien différente, monte de cette fange jusqu'auprès du trône. Louis XV, le *Bourbon* alors régnant, l'a prise pour maîtresse, pour reine de la main gauche. L'accord qui se trouve entre son fangeux point de départ et celui de la Bourbonnaise; le rapport de ce nom avec celui de la race

---

[1] *V. Tragi-Comédie des Enfants de Turlupin, malheureux de nature, où l'on voit la fortune dudit Turlupin; le mariage d'entre luy et la Bolonaise, etc.*

dont son royal amant est sorti, sourient à la malice du peuple, à son désir d'allusion satirique, et sûr que chacun comprendra, voilà qu'il donne une vogue nouvelle aux couplets de *la Bourbonnaise*, et qu'il les fait arriver ainsi, tout chauds d'actualité, jusque dans un monde qui, sans ce hasard, ne les aurait sans doute pas connus. Madame de Grammont, que la chute de son frère, M. de Choiseul, a faite l'implacable ennemie de la favorite, pousse à cette guerre dont l'arme est prise dans l'arsenal du Pont-Neuf. Sa voix et ses bravos, soutenus par les voix en chorus de toute sa cabale, tient le dessus dans le charivari de *la Bourbonnaise*. Il ne lui répugne pas de manier cette boue populaire; plus infecte même, elle lui plairait davantage, puisque les éclaboussures que son pied de duchesse en fait jaillir à la face de l'ennemie feraient ainsi des taches plus flétrissantes.

C'est au bruit, toujours grossissant, de cette fanfare honteuse, que madame du Barry fut présentée à la cour. La présentation, ce grand scandale, qu'aucun autre plus grand ne devait faire oublier, indigna silencieusement Versailles, mais bruyamment Paris, dans la soirée du 21 avril 1769. Or, depuis plus de six mois déjà *la Bourbonnaise* faisait tapage.

« Depuis quelque temps, lit-on dans les *Mémoires secrets*, sous la date du 15 octobre 1768 [1], il court ici une chanson intitulée *la Bourbonnaise,* qui a été répandue avec une rapidité peu commune. Quoique les paroles en soient fort plates, que l'air en soit on ne peut plus niais, elle est parvenue jusqu'aux extrémités de la France. Elle se chante jusque dans les villages, et l'on ne peut se transporter nulle part sans l'entendre. Les gens qui raffinent sur tout ont prétendu que c'étoit un vaudeville satirique sur une certaine fille de rien, parvenue de l'état le plus crapuleux à jouer un rôle, et à faire une sorte de figure à la cour. Il est certain qu'on ne peut s'empêcher de remarquer, dans l'affectation à la divulguer si généralement, une intention décidée de jeter un ridicule odieux sur celle qu'elle regarde. Les gens à anecdotes n'ont pas manqué de la recueillir, et d'en grossir leur portefeuille, avec tous les commentaires à son intelligence, et capables de la rendre précieuse pour la postérité. »

Il faut avouer pourtant que le rapport n'é-

[1] T. IV, p. 136.

tait pas grand entre la pauvre fille pour qui la chanson avait jadis été faite, et la favorite pour qui on la réveillait. L'une glissait de sa fange jusqu'au grabat de l'hôpital, tandis que l'autre, au contraire, s'élevant toujours, sans que le pied lui manquât sur la montée boueuse, était arrivée jusqu'aux marches du trône. A moins qu'on ne voulût faire entendre que cette élévation, quelle qu'elle pût être, serait certainement suivie d'une chute semblable à celle de la vulgaire fille de joie et d'une fin aussi douloureusement ignominieuse, je ne vois dans tout cela rien de bien amer, et dont l'insouciante favorite eût à s'affecter beaucoup. Un chansonnier le comprit, et fit une chanson d'une malice plus directe, qu'il intitula *la Nouvelle Bourbonnaise :*

> La Bourbonnaise,
> Arrivant à Paris,
> A gagné des louis,
> La Bourbonnaise
> A gagné des louis
> Chez un marquis.
> . . . . . .
> De paysanne,
> Elle est dame à présent,
> Elle est dame à présent,
> Mais grosse dame.
> Porte des falbalas
> Du haut en bas.
> . . . . . .

> Elle est allée
> Se faire voir en cour,
> Se faire voir en cour
> Elle est allée.
> On dit qu'elle a, ma foi,
> Plu même au Roi.

La police laissa chanter, même ce dernier couplet. Le 16 juin 1668 la chanson paraissait avec autorisation de M. de Sartines, et, à l'unisson de l'autre *Bourbonnaise,* elle était bientôt répétée par tous les chantres avinés du Pont-Neuf.

La petite Jeanne Vaubernier, la jolie petite Lange, devenue la superbe comtesse, était de leurs anciennes connaissances. A son arrivée à Paris, n'ayant guère que quinze ans, elle avait fait sur le pont le métier de la *Mignonne* de Rétif de la Bretonne. Petite mercière, portant l'éventaire garni de quincaillerie, elle allait d'un passant à un autre offrir des cordons de montre, des tabatières, des fausses perles, épingles à brillant, toute cette menue marchandise « qu'on achète pour les beaux yeux de la marchande, et qu'on paye le prix de son sourire [1]. »

---

[1] Edmond et Jules de Goncourt, *les Maîtresses de Louis XV,* in-8°, 1860, t. II, p. 138-139.

En ces négoces, « si petits qu'ils semblent un prétexte, » le pied glisse souvent, et l'on tombe facilement dans un autre métier, qui, de tout temps, quand arrivait la nuit, avait fait des siennes sur le Pont-Neuf. La jolie Jeanne se laissa-t-elle aller à ces faux pas inévitables? Il suffisait que ce fût vraisemblable, pour qu'on le répétât, plus tard, comme si c'était une vérité prouvée. On le dit tout bas pendant la puissance de la comtesse, et après sa chute, qui n'eut pas la consolation d'une seule plainte, on le cria tout haut. L'exil de madame du Barry, en Brie, à l'abbaye du Pont-aux-Dames, fit penser aux destinées de madame sa mère, jadis cuisinière près du Pont-aux-Choux, et surtout à ses propres caravanes sur le Pont-Neuf, sur le Pont-au-Change, etc., et l'on fit alors l'épigramme que voici :

Les ponts ont fait époque dans ma vie,
Dit l'Ange en pleurs, dans sa cellule en Brie;
Fille d'un moine et de Manon Giroux,
J'ai pris naissance au sein du *Pont-aux-Choux*.
A peine a lui l'aurore de mes charmes.
Que le *Pont-Neuf* vit mes premières armes.
Au *Pont-au-Change* à loisir je fêtois
Le tiers, le quart, soit noble, soit bourgeois.
L'art libertin de rallumer les flammes,
Au *Pont-Royal* me mit le sceptre en main.

Un si haut fait me loge au *Pont-aux-Dames*,
Où j'ai bien peur de finir mon destin [1].

L'exil de la favorite, si méprisée du peuple, parce qu'elle n'était que trop sortie de lui, fut une des premières justices de Louis XVI, un de ses premiers gages à la popularité. Ce qu'il fit bientôt après au Pont-Neuf ne devait point, par malheur, avoir tant de succès.

Les pavillons que Louis XV avait acceptés en projet, dont une déclaration du 24 mars 1769 avait même autorisé la construction, étaient toujours à bâtir. On n'avait pas, dans les derniers temps de Louis XV et de son règne au jour le jour, au milieu de cette confusion d'intérêts, si affairée et si oisive, trouvé un seul instant pour en finir avec l'entreprise. Personne ne s'en plaignait à Paris. On y espérait même qu'elle ne serait jamais à flot, et ce que l'on savait des idées du nouveau roi confirmait dans cette espérance. On ne pouvait croire qu'il livrerait la popularité qui lui était si précieuse aux hasards de cette mesure impopulaire. C'est ce qui eut lieu pourtant. Une bonne œuvre à faire, de pauvres artistes à secourir, fut ce qui le décida. L'intérêt des veuves et des or-

[1] *Mémoires secrets*, 19 juin 1764.

phelins de l'Académie de Saint-Luc, au profit desquels l'Académie de peinture consentait à laisser percevoir les loyers des pavillons qui lui avaient d'abord été réservés, fut mis en avant, et chaudement soutenu : « Il y a, dit-on au roi, il y a là pour ces pauvres gens l'espoir d'une rente de 12,000 livres par an, car les pavillons seront au nombre de 20, et chacun ne sera pas loué moins de 600 livres [1]. » Il se laissa gagner ; Soufflot, l'architecte, reçut des ordres définitifs, et les pavillons durent décidément être bâtis. Au mois d'août 1775 ils étaient commencés ; mais on comptait que les plaintes empêcheraient qu'on ne les continuât, et pour cela, on se plaignait, on criait de plus belle. « Il faut espérer, disait-on dans la *Correspondance secrète* [2], que la réclamation sera si générale que M. de Malesherbes, qui n'a sûrement pas connaissance de cet attentat de son prédécesseur, empêchera la suite

[1] Le loyer des pavillons de gauche fut maintenu à ce prix de 600 livres par an, mais celui des pavillons de droite, dont la situation était bien plus favorable à la vente, à cause de la plus grande affluence des passants sur le trottoir qui longeait la Samaritaine et le Cheval de Bronze, monta peu à peu au double, à 1,200 livres.
[2] T. II, p. 115.

de cette construction, et rendra au public le Pont-Neuf dans l'état où il étoit ci-devant. »

Il n'en fut rien. A la fin de 1776 tout était achevé ; les pavillons étaient bâtis. On n'avait fait qu'une réserve, stipulée dans l'ordonnance d'autorisation, c'est que « si par la suite les hémicycles devenoient nécessaires pour le service du roi, l'Académie de Saint-Luc seroit tenue de les évacuer à ses frais. »

C'était donner à entendre que les pavillons construits sur ces hémicycles pouvaient n'être que provisoires, mais d'après ce qu'on sait de la durée de toutes les choses provisoires, en France, c'était presque assurer qu'on n'y toucherait jamais. La réserve était donc à peu près illusoire; on y tint cependant.

Lors de la suppression des biens de mainmorte, et de leur réunion au domaine de l'État, les petits pavillons du Pont-Neuf, qui étaient une propriété de ce genre, ayant pu être vendus, on maintint, pour eux, comme stipulation de vente le droit de les abattre, si le gouvernement le trouvait bon. Cette condition n'était pas faite pour attirer les acheteurs, aussi n'en vint-il qu'un seul, le sieur Pavy, qui le 8 nivôse an VI acheta un des pavillons, moyennant 75,000 francs.... en assignats. Sa déplorable monnaie ne lui donnait pas le droit d'être exigeant. Il fut donc facile sur le marché ; il accepta sans conteste la condition : « de souffrir la privation de sa propriété, si la nécessité publique ou des embellissements venoient à l'exiger. »

C'est en vertu de cette clause prudente, qu'on a pu, en 1853, lors de la dernière transformation du Pont-Neuf, faire disparaître sans autre forme de procès le pavillon acheté par Pavy, et le seul qui eût été vendu. Les dix-neuf autres qui, lors de la reconstitution du domaine des Hospices par la loi du 9 septembre 1807, leur avaient été attribués, purent être repris par l'État, et démolis sans difficulté.

Si la clause dont je viens de parler fut connue tout d'abord, elle dut faire prendre un peu en patience la construction des pavillons. On ne s'en tint pas là. Par d'autres travaux on tâcha de regagner la popularité que ceux-ci tendaient à faire perdre. Le Pont-Neuf tout entier fut réparé. Les parapets furent refaits, les banquettes reconstruites et abaissées [1] ; la Samaritaine consolidée [2], regrattée du haut

---

[1] Hurtault et Magny, *Dictionnaire hist. de la ville de Paris*, t. IV, p. 100.

[2] Elle en avait besoin depuis 1771. Cette année-là,

jusqu'au bas, et bien plus, comme on sait que le peuple aime le clinquant, on dora de la tête au pied la figure du Christ et celle de la sainte commère. Les artistes crièrent [1], mais le petit peuple fut content [2]; c'est ce qu'on voulait.

On parla pendant quelque temps d'étendre ces travaux de réparation et de reconstruction jusqu'à la place Dauphine, et même jusqu'à la cour du Harlay, qui eût été complétement remaniée [3]; on alla même plus loin. Des faiseurs de projets, qui voulaient un grand espace pour je ne sais quel monument, nécessaire, suivant eux, au centre de Paris, proposèrent de créer cet espace, en comblant tout le petit bras de la Seine, de telle sorte que l'ile de la Cité fût passée à l'état de péninsule et même de continent [4]. Ils voulaient en outre qu'on transportât sur un autre point de Paris

son gouverneur étant mort, on avait visité le petit château, et vu que la charpente « tomboit et se détruisoit. » (Hurtault et Magny, t. II, p. 83.)

[1] Nougaret, *Anecd. des Beaux-Arts*, t. II, p. 461.

[2] Ce qui lui plut surtout, c'est que le carillon qui s'était de nouveau détraqué fut rétabli. (Hurtault et Magny, t. II, p. 83.)

[3] *Mémoires secrets*, t. X, p. 56-57.

[4] *Ibid.*, t. VII, p. 172.

la statue de Henri IV, et qu'on supprimât la Samaritaine. La Révolution se chargea du premier détail, en faisant, non pas transporter ailleurs, mais abattre tout à fait, comme nous le verrons, le fameux Cheval de Bronze. Quant à la Samaritaine, si souvent menacée, sa dernière heure ne sonna qu'en 1813.

Cependant les marchands s'étaient peu à peu installés avec leurs marchandises dans les pavillons du Pont-Neuf. Pour les dégoûter d'y rester, c'était à qui leur jouerait de mauvais tours ; c'était à qui ferait aussi courir des histoires de nature à les effrayer sur le danger qu'il y avait pour eux à laisser leurs marchandises dans ces pavillons inhabités la nuit. On contait par exemple [1] que vers minuit, pendant l'hiver, un maître voleur avait trouvé moyen de crocheter la porte d'une de ces boutiques sans gardien, et que le lendemain matin le marchand n'avait trouvé que les traces du déménagement nocturne.

Pour que l'histoire fût vraisemblable, il aurait fallu qu'il n'y eût pas de corps de garde au terre-plein, pas de sentinelle devant ce corps de garde, et pas de sentinelle non plus à l'en-

---

[1] *Mémoires secrets*, t. IX, p. 151.

trée du quai des Orfévres. Aussi l'on n'y crut guère. Pas un marchand ne fut assez effrayé pour déguerpir. Chez la plupart, d'ailleurs, le voleur en eût été pour ses frais d'effraction. Ces boutiques n'abritaient que d'assez pauvres commerces, d'assez misérables industries, et ne contenaient guère que ce qu'il fallait pour la vente du jour. Quelques graveurs sur métaux, comme ceux qui travaillaient en chambre, au quai des Lunettes, étaient les plus considérés parmi ces petits industriels du Pont-Neuf. Les autres étaient des marchands d'encre, des marchands d'amadou, ou bien encore des frituriers, dont les poêles fumeuses faisaient monter jusqu'au nez du Roi de Bronze le seul encens qu'il lui fût permis de humer.

Pourquoi, disait encore Barthélemy en 1836, dans son *Épître au préfet de police* :

> Pourquoi ces frituriers, dont la noire cuisine
> Empeste le Pont-Neuf et la place Dauphine ?

C'étaient les successeurs directs de ceux du temps de Louis XVI. Ils avaient la même poêle, la même cuiller, peut-être la même graisse, et surtout les mêmes pratiques : de pauvres diables que la faim faisait toujours passer sur le dégoût de la cuisine. Rétif, en son temps, fut de ces affamés qui, n'ayant en poche que deux liards ou un sou pour leur souper, ne pouvaient, en conscience, se donner le luxe d'être délicats. Faire le dégoûté, c'eût été vouloir mourir de faim. « Comme j'étois, dit Rétif en son *Ménage parisien*, comme j'étois alors à l'entrée du Pont-Neuf, et près de la Samaritaine, j'achetai deux crêpes de deux liards pièce pour mon souper, et je les mangeai en chemin, puis je bus de l'eau à la fontaine du Trahoir [1]. » Pendant que le vagabond moraliste, le noctambule observateur, qui aurait pu, tout aussi justement que Taconnet prendre le titre de membre des *Arcades* du Pont-Neuf, fait cette débauche de deux liards pour son souper, voici venir un poëte qui, à moins de frais encore, trouvera où coucher sur le Pont-Neuf; c'est Gilbert.

Il est allé le matin chez d'Alembert, mais il n'en a rapporté que des espérances qui ne lui donnent même pas de quoi payer un gîte. « Avec ces belles promesses du protecteur, dit quelqu'un à qui Gilbert avait conté luimême les péripéties de sa première détresse

---

[1] Ch. Monselet, *Rétif de la Bretonne*, p. 16.

à Paris, le protégé alla coucher trois nuits sur le Pont-Neuf, près du corps de garde d'Henri IV [1]. »

Sterne, quand il vint à Paris en 1767, pour ce séjour de plusieurs mois qui nous a valu quelques-uns des plus jolis chapitres du *Voyage sentimental*, n'y eût pas à faire cet apprentissage de misère trop poétique. Anglais bien avisé, il avait commencé par se pourvoir d'une grasse prébende, et sûr, dès lors, qu'il pourrait être impunément homme d'esprit, que le manque d'argent ne serait pas une distraction gênante pour son *humour* d'observateur, il s'était mis à flâner à travers l'Europe, et comme Paris avait la réputation d'être le lieu où l'on flânait le mieux, où l'on perdait le moins son temps tout en ne faisant rien, il s'y était souvent arrêté.

Comme la plupart des étrangers alors, il était descendu dans le faubourg Saint-Germain ; il logeait rue Jacob, en face de la rue des Deux-Anges, à l'hôtel de Modène [2]. Pour flâner à l'aise, il avait les larges rues du quartier, puis les quais, puis le Pont-Neuf, que

---

[1] *Œuvres* de Gilbert, 1806, in-12, t. Iᵉʳ, Avertissement, p. 6.

[2] *Voyage sentimental*, Iʳᵉ part., ch. XXXI.

tout promeneur trouvait si naturellement au bout de sa promenade. Il s'en venait donc, tout à sa distraction souriante et clairvoyante, suivait la rue Jacob, entrait chez la jolie gantière pour demander son chemin, y passait une heure qui n'a pas été perdue [1]; se laissait conduire par le garçon que l'aimable marchande lui avait donné pour guide, et continuant sa route le long de la rue de Seine, par le quai Conti, le Pont-Neuf, la rue de la Monnaie, la rue du Roule, la rue des Prouvaires et les halles, il arrivait, toujours rêvant et observant, voyant tout sans avoir l'air de rien regarder, jusqu'à la rue Mauconseil, où se trouvait l'Opéra-Comique [2].

D'autres fois, il n'allait pas si loin, il s'amusait à flâner le long des librairies du quai des Augustins et du quai Conti, causait avec le libraire qu'il laissait volontiers divaguer, le payait de ses sottises en lui achetant un bon livre comme le *Shakspeare* qu'on lui vendit ainsi sur le quai Conti[3], et sortait avec quelque jolie cliente du marchand qui lui faisait prendre le plus long pour retourner chez lui.

[1] *Voyage sentimental*, 1re part., ch. XXXII.
[2] *Ibid.*
[3] *Ibid.*, IIe part., ch. I.

C'était l'usage des gens d'esprit de se donner ainsi dans les librairies ces heures d'école buissonnière. On allait par exemple rue Christine, chez Quillan, le premier qui eût ouvert auprès de sa boutique un cabinet de lecture, dont tous les livres portaient une estampille gravée par Saint-Aubin [1]. On y allait moins pour lire que pour regarder lire les jolies lectrices, friandes de romans nouveaux.

Non loin de là, près du Pont-Neuf aussi, dans la rue Saint-Louis-au-Palais était la boutique clandestine de Desauge, le père, qui pendant trente ans « par suite d'une transaction avec le lieutenant de police » eut seul le privilége de vendre sous le manteau les livres prohibés [2]. On allait en cachette s'y donner la primeur de ces nouveautés défendues, et de là plus d'un espiègle courait agacer la pudeur de quelque marchande du quai voisin, en lui demandant le livre dont il venait d'apprendre le titre indécent.

C'était l'un des plaisirs de ce fou de Dide-

---

[1] Ed. et J. de Goncourt, *l'Art au XVIIIe siècle*, LES SAINT-AUBIN, Paris, E. Dentu, 1860, in-4º, p. 9.

[2] Prud'homme, *Miroir historique de Paris*, t. III, p. 246.

rot, quand il avait vingt ans. Maintefois il s'en vanta. Il s'amusa ainsi par exemple de la jolie fille qui, du comptoir de sa petite librairie, passa chez Greuze, dont elle devint la femme.

« Je l'ai bien aimée, moi, dit-il [1], quand j'étais jeune et qu'elle s'appelait mademoiselle Babuti. Elle occupait une petite boutique de librairie sur le quai des Augustins, poupine, blanche et droite comme le lis, vermeille comme la rose. J'entrais avec cet air vif et fou que j'avais, et je lui disais : « Mademoi« selle, les Contes de La Fontaine, un Pétrone, « s'il vous plaît. — Monsieur, les voilà ; ne « vous faut-il pas d'autres livres? — Pardon« nez-moi, mademoiselle, mais... — Dites tou« jours? — *La Religieuse en chemise.* — Fi donc ! « Monsieur, est-ce qu'on lit ces vilenies-là ? — « Ah ! ah ! ce sont des vilenies, mademoiselle, « moi, je n'en savais rien... » Et puis un autre jour, quand je repassais, elle souriait et moi aussi.... »

Je ne crois pas que Sterne se fût permis de ces espiégleries. Il était trop Anglais pour n'avoir pas un peu de pruderie, du moins extérieure, et ne pas garder vis-à-vis des Pari-

[1] *Salon de 1761, Œuvres choisies* de Diderot, édition Génin, t. II, p. 108.

siennes même les plus prévenantes les dehors de la discrétion. En bien d'autres choses encore il n'eût pas partagé les idées de Diderot. Ainsi, ce n'est certes pas lui qui eût demandé qu'on étranglât le dernier prêtre avec les boyaux du dernier roi, ou réciproquement. Ses idées sur les princes étaient bien différentes. Pour les bons, elles allaient jusqu'à l'adoration, comme il le fit voir un jour, en plein Pont-Neuf. C'est Garat qui va vous conter l'anecdote [1]. Il la tenait de Sterne lui-même qu'il avait connu beaucoup et bien :

« Il était, dit-il, toujours et partout le même ; jamais déterminé par des projets, et toujours emporté par des impressions ; dans nos théâtres, dans nos salons, sur nos ponts, toujours à la merci des objets et des personnes, toujours prêt à être amoureux ou pieux, bouffon ou sublime.

« Arrêté un jour devant la statue d'Henri IV, et environné bientôt de la foule rassemblée autour de lui, par ses mouvements, il se retourne et leur crie : « Qu'avez-vous tous à me « regarder ? Imitez-moi tous, » et tous se

---

[1] *Mémoires historiques sur la Vie de Suard*, 1820, in-8°, t. II, p. 148.

mettent à genoux, comme lui, devant la statue. L'Anglais oubliait que c'était celle d'un roi de France. Un esclave n'eût jamais rendu un tel hommage à Henri IV. »

Ce qui sans doute vous étonne surtout ici, c'est que les gens du peuple aient suivi l'exemple de Sterne, et se soient comme lui agenouillés devant le Roi de Bronze. Rien de plus naturel alors cependant. Henri IV était toujours le fétiche populaire, le roi modèle, le prince vraiment adorable, et on l'adorait. Le seul désir du petit peuple, c'est que la France eût enfin un maître qui rappelât celui-là. On en eut l'espoir quand Louis XVI monta sur le trône. Peu de jours après son avénement, tandis qu'on écrivait à Saint-Denis, au bas du cercueil de Louis XV, cette vengeresse épitaphe : Hic jacet! Déo gratias ; on écrivait sur le Pont-Neuf, en bas de la statue d'Henri IV : Resurrexit [1].

---

[1] *Mémoires secrets,* 15 juin 1774.

XII

Aspect du Pont-Neuf à la fin du règne de Louis XVI. — Le *Musée scientifique et littéraire* de la rue Dauphine. — *Le Mercure*, rue Guénégaud. — Les marchands de cheveux du quai des *Morfondus*. — Piron et M. Turgot. — Les premiers marchands de lunettes. — Louis-Vincent Chevalier et ses voisins. — Le graveur Omnes. — Un sauvetage et un calembour. — Le graveur Phlipon et sa fille Manon. — Ce que devient Manon. — Son dithyrambe aux horizons du Pont-Neuf. — Mort de madame Roland. — Tableau du quai de la Ferraille. — Encore les vieux fers, les fleurs et le racolage. — Un duel au *Café militaire*. — Les tripots de l'Arche-Marion. — Le *Biribi des Vertus* et ses habitués. — Tison le *décrotteur* enrichi. — Les marionnettes du quai. — Pourquoi Ponteuil fut comédien avant de naître. — Baptiste le *Divertissant* et ses chansons. — L'abbé Lapin. — Greuze et les grisettes. — Où il trouve le sujet d'un de ses tableaux. — David le peintre et Cuvilier le gouverneur de la Samaritaine. — *L'Almanach de la Samaritaine.* — Ce que voient les badauds du haut du Pont-Neuf. — Le bain de Poitevin en 1765. — Une imprimerie au port Saint-Nicolas. — Le bateau à roues de M. de La Rue. — L'horloger qui marche sur l'eau, mystification de M. de Combles. — Le savant qui craint d'user les pavés. — La gageure de l'Anglais et ses écus à vendre. — La perruche du quai des Orfévres et le singe du rôtisseur.

Au commencement du règne de Louis XVI, l'aspect du Pont-Neuf et de ses environs n'a pas plus changé qu'il n'avait changé au commencement de celui de Louis XV. C'est toujours le même mouvement, le même va-et-vient affairé, à midi comme le matin, le soir comme à midi. Les buts de ces courses sont un peu différents, mais on y va du même train, et avec autant de foule.

Dans les premières années du siècle, les gens que vous pouviez voir remonter de la Samaritaine vers la rue Dauphine, se rendaient pour la plupart, soit chez l'illustre M. Barrême, pour s'y renseigner, comme on fait aujourd'hui à la Bourse, sur le cours des valeurs publiques[1] ; soit encore chez le directeur du *Bureau d'adresses*, où l'on vous disait les maisons à louer, les curiosités à vendre, les domestiques à placer[2], etc. Maintenant, si l'on court du même côté avec le même empressement, c'est pour assister aux séances du *Musée scientifique et littéraire* qu'en 1780, Court de Gébelin et Pilastre des Rosiers ont ouvert dans la rue Dauphine[3], et qui doit quelques

---

[1] *V.* plus haut, p. 360-361.

[2] Un de ces *bureaux d'adresses* se trouvait, en 1703, au bout du Pont-Neuf, à l'entrée de la rue Dauphine. (Hatin, *Histoire du Journal*, t. II, p. 88, 89.)

[3] *V.* les *Mémoires secrets*, de 1780 à 1787, *passim.* — Fortia de Piles, *Anecdotes inédites*, p. 233. — *Mémorial de l'Europe*, 1787, t. II, p. 67.

années après, émigrer vers la grande salle des Cordeliers ; ou bien encore c'est qu'on s'en va rue Guénégaud, chez le célèbre M. de La Harpe, pour s'abonner au *Mercure de France*. En passant on s'arrêtera bien sûr au *Petit Dunkerque,* dont l'étalage tentateur, et plus que jamais brillant[1], vous est déjà connu. Gare alors à l'argent de l'abonnement! ce Granchez a de si friandes et aussi de si coûteuses babioles, qu'on ne sort guère de sa boutique sans y avoir laissé tout ce qu'on avait en poche.

Au quai des Orfévres, comme à la place Dauphine, rien ne s'est transformé : mêmes boutiques, même clientèle, même richesse d'étalage, et partant, même curiosité, même avidité du passant. Le quai de l'Horloge, en revanche, a quelque peu renouvelé son personnel marchand. Jadis qu'y vendait-on? Des perruques, des cheveux en vieux, des toupets de hasard [2]. Aujourd'hui, c'est différent.

Grâce à M. Turgot, le prévôt des marchands, ce quai a d'abord commencé par s'élargir, ce

---

[1] *Paris en miniature* (par le marquis de Luchet), 1784, in-12, p. 73.

[2] Hurtault et Magny, *Dict. hist. de la ville de Paris,* t. IV, p. 176.—Le bureau de placement de *messieurs* les coiffeurs est à présent sur le quai des Orfévres.

qui lui a valu de la part de Piron cette amusante inscription, fort spirituelle comme parodie ; et des meilleures comme renseignement :

> Monsieur Turgot étant en charge,
> Et trouvant ce quai trop peu large,
> Y fit ajouter cette marge.
> Passant qui passez tout de go,
> Rendez grâce à monsieur Turgot [1].

Sitôt qu'il est ainsi devenu plus accessible, voici que des marchands, dont le commerce a plus d'éclat que celui des négociants en vieilles perruques, y viennent en foule. Jusqu'alors, autant à cause de sa position au nord, qu'en raison de la triste figure des chauves en quête de cheveux d'emprunt qui le fréquentaient, il avait été réellement le *quai des Morfondus*; désormais, il sera le *quai des Lunettes*. Ce sont en effet des *opticiens-lunettiers* qui sont accourus s'y établir.

Jadis, du temps d'Henri IV, lorsque l'invention dont vit leur industrie était encore nouvelle, ils logeaient sur le *Pont-Marchand,* ou *aux Oiseaux* [2], cette curieuse passerelle que

---

[1] Collé, *Journal historique,* t. Ier, p. 346-347.

[2] *V.* le *Journal* de Lestoile, à la date du 30 avril 1609.

Charles Marchand avait fait jeter entre le Pont-Neuf et le Pont-au-Change. Quand l'incendie de 1621 l'eut brûlée, c'est sur ce dernier pont qu'ils émigrèrent, puis, peu à peu, un à un, sur le quai dont je parle, et que désormais ils occuperont presque tout entier depuis la première jusqu'à la dernière boutique.

En 1765, Louis-Vincent Chevalier, premier du nom dans cette célèbre dynastie du binocle et de la lorgnette dont son petit-fils, Charles Chevalier, devait être le Napoléon, avait déjà son enseigne de maître marchand *miroitier-lunettier-bimbelotier* sur le quai des Lunettes [1], non loin de la boutique du sieur Herbage, « opticien pour l'astronomie et la marine [2]; » tout près aussi de la fabrique d'instruments de physique et de mathématiques du sieur Cabochez [3], et à deux pas du sieur Brugnet qui vendait pour la musique un chronomètre, dont on a fait depuis le *métronome* [4].

En même temps que des lunettiers en bou-

---

[1] Arthur Chevalier, *Hygiène de la Vue*, 1861, in-18, *Avant-propos*.

[2] *Le Provincial à Paris*, 1788, in-32, *Quartier Notre-Dame*, p. 36.

[3] *Ibid.*

[4] *Ibid.*, p. 37.

tique, il y avait alors sur ce quai, bon nombre de graveurs en chambre. Un matin du mois d'avril 1784, un jeune homme nommé Omnes qui travaillait chez un d'eux, en attendant son brevet de maîtrise, se rendait chez son maître en longeant le parapet du quai. Tout à coup, il entend un grand cri poussé tout d'une voix par les blanchisseuses du bateau amarré près de la descente. La fille d'une de ces femmes, une enfant de dix ans, venait de tomber dans l'eau. Omnes s'y précipite sans perdre un instant, saisit la petite par sa robe au moment où elle allait se perdre sous le bateau et la rend à sa mère, penchée tout éperdue sur le bord, et prête à la suivre si elle avait disparu. M. Le Pelletier de Morfontaine, qui venait d'être nommé prévôt des marchands, eut connaissance de ce trait de courage. Il fit venir Omnes, et en même temps que le brevet de maîtrise qu'il postulait depuis quelque temps, il lui remit une double médaille sur laquelle s'étalait, dans un beau calembour latin, l'expression de la reconnaissance publique. On y lisait : *Omnibus Omnes*[1].

Un autre graveur, qui eut quelque réputa-

---

[1] *Le Provincial à Paris*, p. 36.

tion, logeait sur ce même quai, au premier étage de la maison qui est au coin à droite de le rue du Harlay. Vers 1772, on le connaissait beaucoup dans le quartier, non à cause de son talent qui était assez mince, mais parce qu'il avait une fort jolie fille, fraîche comme une pêche, savante comme les livres. Au catéchisme de Saint-Barthélemy, c'est elle qui avait eu tous les prix, et les bourgeoises la montraient à leurs filles comme la plus grande liseuse de livres sérieux qui fût dans la Cité. Il est vrai que la studieuse enfant aurait dévoré des bibliothèques, pour peu qu'on voulût bien ne pas la déranger du petit coin, abrité par un paravent, dont elle s'était fait une cellule dans la chambre de sa mère.

C'est dans ce nid des chères études que son esprit se donna des ailes pour prendre un vol brillant, mais au but fatal. Attendons quelque dix ans, nous la trouverons femme de ministre, installée en reine républicaine dans le somptueux hôtel du Contrôle général, rue Neuve-des-Petits-Champs, puis tout changera bientôt avec la funeste rapidité qu'avait alors la destinée des hommes et des choses. C'est à Sainte-Pélagie qu'il faudra l'aller chercher, puis tout près de sa maison natale, à la Conciergerie, d'où elle ne partira que pour être menée à l'échafaud! Cette fillette aux joues roses, que sa fraîcheur dodue faisait convoiter par le boucher du coin, et qui ne doit être une proie opime que pour le boucher de la Révolution, c'est Manon Phlipon, ce sera madame Roland [1].

Avant d'aller mourir, elle écrira ses Mémoires, et dès les premiers chapitres, elle aura un souvenir touchant pour la pauvre maison qu'elle ne doit plus revoir que du haut de la funèbre charrette; pour la Seine, pour le Pont-Neuf, pour les horizons aperçus de sa petite fenêtre, et que son imagination d'enfant dorait mieux encore que le soleil du soir. Voici cette page, qui ne savait pas être un adieu, et qu'elle écrivit en se rappelant l'heureuse journée, où après un long séjour chez la mère de son père, à l'île Saint-Louis, elle était revenue à son cher quai des Lunettes :

« Enfant de la Seine, écrit-elle [2], c'était

---

[1] Un autre personnage de la Révolution, Sergent, beau-frère de Marceau, secrétaire des Jacobins, sortit de cet atelier. Il y avait travaillé la gravure sous Phlipon.

[2] *Mémoires de madame Roland*, édit. F. Barrière, 1855, in-18, p. 79.

toujours sur ses bords que je venais habiter. »

Hélas! elle ne savait pas si bien dire. La Conciergerie, qui devait être sa dernière demeure, est aussi sur les bords de la Seine !

« La situation du logis paternel, dit-elle en continuant, n'avait point le calme solitaire de ma bonne maman. Les tableaux mouvants du Pont-Neuf variaient la scène à chaque minute, et je rentrais véritablement dans le monde, au propre et au figuré, en revenant chez ma mère. Cependant, beaucoup d'air, un grand espace s'offrait encore à mon imagination vagabonde et romantique. Combien de fois de ma fenêtre, exposée au nord, j'ai contemplé avec émotion les vastes déserts du ciel, sa voûte superbe, azurée, magnifiquement dessinée, depuis le levant bleuâtre, loin derrière le Pont-au-Change, jusqu'au couchant, doré d'une brillante couleur aurore derrière les arbres du Cours et les maisons de Chaillot !

« Je ne manquais pas d'employer ainsi quelques moments à la fin d'un beau jour; et souvent des larmes douces coulaient silencieusement de mes yeux ravis, tandis que mon cœur, gonflé d'un sentiment inexprimable, heureux d'être et reconnaissant d'exister, offrait à l'Être suprême un hommage pur et digne de lui ! »

Le coup d'œil que Manon Phlipon ne manquait sans doute pas de jeter plus d'une fois par jour sur le quai de la Ferraille, qui lui faisait face, ne lui inspirait certainement pas de si poétiques et de si pieuses pensées, mais je réponds qu'il l'amusait, et que curieuse comme elle l'était, friande de tous les spectacles, elle revenait souvent à celui-ci.

Jamais il n'avait été plus varié. Des boutiques d'oiseliers aux cages criardes ; en face, des échoppes de ferrailleurs tout enguirlandées de chaînes rouillées ; sur le pavé, pêle-mêle avec les ferrailles, de longues rangées de pots de fleurs et d'arbustes [1], voilà la mise en scène. Des marchands qui hêlent en hurlant la pratique, celui-ci pour vendre ses oiseaux qui piaillent ; celui-là pour faire argent de ses fleurs, et cet autre pour se débarrasser de son vieux fer [2] ; des soldats aux gardes, la

[1] La Mésengère, le *Voyageur à Paris*, 1797, in-12, t. III, p. 75-76.

[2] Piis qui, en passant, les avait maudits maintes fois, leur lança un jour cette boutade, où du moins la rime est riche :

> Enjoignons aux vieux ferrailleurs
> De porter leur vieux fer ailleurs.

main sur la poignée du sabre, et se frisant la moustache tout en bousculant la foule ; des gens de police, chargés de l'inspection de ces marchés, qui, d'un rien, font une affaire, parce que cette affaire prouvera peut-être qu'ils sont quelque chose ; des exempts aux Cent-Suisses faisant plus de bruit encore et plus de poussière, comme ce fameux Moreau qui, pour son insolence trop longtemps exécrée, fut tué un soir à la sortie de l'Opéra[1]. Puis encore et toujours le bouquet sur l'oreille et le sac en main, des racoleurs qu'escortent des filles bonnes pour leurs piéges[2], et qui, dans les grands jours du mardi gras, ou de la Saint-Martin, ne font leur tournée sur le Pont-Neuf qu'avec de longues perches surchargées de dindons, de poulets, de cailles, « afin d'exciter l'appétit de ceux qui ont échappé à la luxure[3] ; » voilà le personnel bruyant, remuant, coloré de cet étrange spectacle.

Les cafés, qui sont auprès, apportent leurs épisodes : batteries de buveurs, rixes de poli-

---

[1] *Mémoires de la Calotte,* 1732, in-12, p. 173-174.
[2] Mercier, *Tableau de Paris,* t. Ier, p. 147.
[3] *Ibid.*

tiqueurs, car nous approchons du temps où la politique sera de toutes les parties.

Un matin, peu de temps avant que la guerre d'Amérique fût déclarée; lorsque les sabres français et les épées anglaises commençaient à frémir dans le fourreau, un officier anglais entra dans un de ces cafés du quai de la Ferraille, le *Café militaire*. Il faisait chaud ; il demanda de l'eau, de l'eau-de-vie, du sucre et un citron. Quand il fut servi, le citron lui paraissant flasque, il le mania d'une main dédaigneuse en grommelant quelque chose, où l'on pouvait comprendre : « C'est mou comme le cœur d'un Français ! » Un officier qui le regardait de travers depuis son entrée, et qui ne demandait qu'à entendre, lui ferma la bouche par un vigoureux soufflet. On sortit, on dégaîna, et après deux ou trois passes, l'Anglais roula mort sur le pavé du quai [1].

Dans les tripots, les querelles et les rixes ne sont pas moins fréquentes, et comme le désespoir du jeu y attise la fureur, elles sont presque toujours sanglantes.

Depuis le temps de Thibaut-aux-dés et de Marion, la Marcelle [2], ces sortes de maisons

[1] *L'Improvisateur françois*, t. V, p. 88.
[2] *V.* plus haut, p. 56-57.

n'avaient jamais cessé d'exister par ici. Le quai de la Ferraille et les rues qui l'avoisinent étaient toujours le quartier du hasard. Sous Louis XIV, la grande loterie, ou *blanque royale* de Boulanger, l'émule du grand Tonti, se trouvait rue Bertin-Poirée[1], et un peu plus tard, une des maisons où l'on jouait le plus gros jeu, et menait le plus effrontément la débauche, était celle de l'Anglaise mademoiselle Piskenton, « sous l'arcade du quai de Gesvres[2]. »

Sous une autre arcade, placée sur la même ligne et aux abords non moins sinistres; sous la fameuse *arche Marion,* se glissaient à la nuit tombée des joueurs clandestins qui venaient y courir aussi, dans une maison du même genre, les hasards du pharaon ou du biribi. Au temps dont nous parlons, c'est Bouilleron qui tenait ce tripot. Des gens de toutes classes, mais surtout des chevaliers d'industrie, qu'on appelait alors des *égrefins,* y affluaient chaque soir. Tout auprès, sur le même quai, se trouvait un autre tripot encore, mais où n'allaient que des gueux. On l'appelait le *Biribi*

[1] *V. Paris démoli,* 2ᵉ édition, p. XXIX, XXX.
[2] *Correspondance administrative de Louis XIV,* t. II, p. 790.

des Vertus[1], quoique les vertus les plus vulgaires, la bonne foi surtout, n'y fussent, je crois, guère observées. On ne s'y faisait pas faute de tapage et de violences, de coups de poing, même de coups de couteau. Une nuit, en 1789, la police dut y faire une descente : un homme venait d'y être tué[2]. C'est l'époque où le fameux Tison, qui avait été longtemps décrotteur *à la royale,* au bas des trottoirs du Pont-Neuf, étant un soir venu risquer au *Biribi des Vertus* la somme assez rondelette gagnée dans sa journée, y fit une telle rafle d'écus qu'il put incontinent s'en aller ouvrir à son compte, dans le Palais-Royal, une maison de jeu où il gagna des millions, mais perdit le peu qu'il avait de cœur[3].

Pour un tel heureux, que de désespérés ! pour un qui, tout effaré de son bonheur, s'en allait ainsi les poches et les mains pleines, que d'autres sortaient, du vent en bourse, du désespoir dans l'âme, et ne sachant plus où se prendre s'en prenaient à leur vie, ou plus souvent encore, à celle des passants ! Il ne faisait

[1] Ed. et J. de Goncourt, *Histoire de la Société française pendant la Révolution,* p. 24.
[2] *Ibid.,* p. 26.
[3] *Ibid.,* p. 25.

donc pas bon s'aventurer un peu tard, dans les environs du *Biribi des Vertus*. Il devait toujours y rôder à la nuit close, quelques-uns de ces gueux à qui la Fortune venait d'apprendre que malgré leur misère quotidienne, il était possible d'être encore plus misérables, et qui ne demandaient alors qu'à prendre bien vite sur quelque bourse une revanche à coup sûr.

Je ne m'étonne pas que La Mésengère [1], après avoir décrit l'aspect peu rassurant du quai de la Ferraille, long, étroit, désert, n'ayant à l'une de ses extrémités qu'une issue, l'arche Marion, ajoute : « Il n'est pas trop prudent de s'y attarder en hiver. » Il songeait au *Biribi des Vertus*.

Jusque vers neuf heures toutefois, lorsqu'il faisait beau, le danger n'était pas grand. Les montreurs de marionnettes, avec leur *castelletto*, comme le Pulcinella du quai des Esclavons à Venise, et les chanteurs au parapluie rouge, fixaient la foule sur toute la longueur de l'étroit passage, et avec la foule une sorte de sécurité. On pouvait bien courir le risque d'être volé, mais non encore celui d'être assassiné. Polichinelle avait là toujours

[1] *Le Voyageur à Paris*, 1797, in-12, t. III, p. 76.

des spectateurs en nombre : les petites gens sur le pavé, comme au parterre, et de belles dames à leurs balcons, comme aux premières loges. Si Le Franc, dit *Ponteuil,* fut comédien de vocation, dès sa naissance, bien mieux, dès le sein même de sa mère, c'est à cause d'une station un peu trop longue et trop attentive que celle-ci étant enceinte, fit à son balcon du quai de la Ferraille, devant le théâtricule de maître Polichinelle. L'enfant qu'elle mit au monde naquit marionnette et n'eut qu'à grandir pour être comédien. Il le fut en effet, quoique l'étude de son père, qui était un riche notaire, l'attendît et lui promît une riche fortune [1].

Les chanteurs du quai de la Ferraille avaient toujours fait à ceux du Pont-Neuf, leurs proches voisins, une rude concurrence de chansons bien hurlées, et de belles recettes en gros sols.

A l'époque dont nous parlons, c'était encore à qui, de ceux du pont, ou de ceux du quai, sauraient le mieux attirer la foule par le bruit du crincrin, et la fixer par la variété grivoise ou sentimentale du couplet. Les

---

[1] *Anecdotes dramatiques,* t. III, p. 406.

chanteurs du quai de la Ferraille semblaient avoir l'avantage [1].

> Bouche béante, un grotesque auditoire
> Pend à l'archet du chansonnier des quais,

dit Pons de Verdun [2], et ce chansonnier par excellence, cet Orphée de la Ferraille, c'était alors le sieur Baptiste, dit le *Divertissant*. Il chantait les chansons des autres et les siennes avec la même complaisance, et de la même voix, sans préférence aucune. Tout lui était bon, la gaudriole épicée, la romance *sensible*, —mot du temps,—le refrain gaillard, le couplet bucolique, pourvu qu'à la chute du trait final, il vît tomber dru comme grêle, sur son tapis, liards et sols marqués. C'est lui qui chantait le mieux la chanson à la mode en 1783 : *Changez-moi cette tête* [3] ; et qui contribua le plus, de toute la force de son gosier, au réveil populaire de la vieille chanson de *Marlborough* [4].

Les perles de son répertoire étaient : *les Nouvelles écosseuses*, dont il était l'auteur et

---

[1] *Le Nouv. Tableau de Paris*, 1790, in-8, p. 140.
[2] *Mes Loisirs*, nouv. édit., 1807, in-8º, p. 109.
[3] *Mém. secrets*, t. XXXIII, p. 34, 37.
[4] *Ibid.*, t. XXI, p. 186; t. XXII, p. 149 ; t. XXIII, p. 119.

qu'il chantait sur l'air : *les Enfants de Versailles :*

> Voyez ces écosseuses,
> Ça travaille à ravir,
> Queu plaisir!
> C'est pas des paresseuses, etc.;

l'Heureux moment, romance pastorale dont il se disait aussi l'auteur, et qui commence ainsi :

> Dans un bois solitaire et sombre,
> Lise et Lucas étaient un jour
> Tranquillement assis à l'ombre,
> Et tous les deux brûlaient d'amour;

l'Éloge des grands nez ; *Cadet sans souci* ; *l'Éloignement de Myrtil* , « ariette villageoise; » *les Amours de Colin et d'Églé*; *la Ronde,* alors nouvelle, *de Ninette à la Cour; les Disgrâces de porter perruque,* etc., etc.

Comme tout bon chanteur, il avait une compagne, dont la voix de *rogomme* était au diapason de la sienne. M. Baptiste n'allait pas sans madame Baptiste qui reprenait avec lui chaque refrain, et l'on entendait alors de bien harmonieux *chorus!* Sa chanson des *Deux sœurs et Robin* était leur triomphe. M. Baptiste chantait les couplets de Suzon, madame Baptiste ceux de Jeanneton, et quand M. Baptiste en était arrivé à cet incomparable passage :

> Robin a une vache
> Qui danse sur la glace
> En robe de satin....
> Maman, je veux Robin,

ce n'était qu'un immense éclat de rire, depuis la Samaritaine jusqu'à l'Arche-Marion.

L'abbé Lapin, lui-même, le fameux chanteur guitariste, qui avait mis ces couplets à la mode, n'avait pas tant de succès, lorsqu'il les chantait le soir, avec accompagnement de grimaces et de contorsions, sous les arbres du Palais-Royal[1]. Le jour où, sur la renommée de son comique, on l'avait fait venir à Versailles dans les petits appartements pour jouer sa chanson devant la reine[2], il n'avait pas eu lieu d'être aussi fier que Baptiste l'était, chaque soir, des applaudissements unanimes dont plusieurs centaines de badauds payaient ses merveilleuses grimaces. L'argent suivait les bravos; Baptiste ne pouvait suffire à la vente de ses petits livrets chantants, sortis tout chauds de chez Valleyre l'aîné, rue de la Vieille-Bouclerie, dont l'imprimerie était depuis longtemps déjà la grande officine chansonnière et pamphlétaire.

Baptiste, pour satisfaire à l'impatience des auditeurs qui n'avaient pu, sur le quai même, recevoir ses chefs-d'œuvre de ses illustres

[1] *Portefeuille de Mme Gourdan,* 1784, in-12, p. 39-40, N.
[2] *Ibid.*

mains, avait soin d'annoncer qu'il en avait chez lui un dépôt considérable. A la fin de chaque cahier se trouvait cette précieuse mention: « BAPTISTE, *dit le* DIVERTISSANT, *vend toutes sortes de chansons, tant anciennes que nouvelles. Il demeure chez M. Grand, fils, menuisier, vis-à-vis le grenier à sel, rue Saint-Germain l'Auxerrois, à Paris.* »

Voilà pour le texte; mais l'*air*, ce détail si important d'une chanson, à ce point que c'en est bien souvent tout l'esprit, comment pouvait-on le savoir? Qui trouver pour vous l'apprendre? Baptiste ne s'en chargeait pas. Il se contentait de vous dire: « Venez m'entendre, vous connaîtrez tous mes airs, et par-dessus le marché, vous saurez les nuances! » Cet avis obligeant était donné à la fin de quelques-uns de ses cahiers. On y lisait: « *Les personnes qui voudront apprendre les airs trouveront le sieur* BAPTISTE, *dit le* DIVERTISSANT, *tous les soirs, sur le quai de la Ferraille, depuis sept heures jusqu'à neuf, et les dimanches et fêtes, depuis midi jusqu'à deux heures, et depuis cinq jusqu'à neuf.* »

Baptiste n'était pas fier; il ne se faisait pas valoir plus que de raison. D'autres eussent dit: « Je suis artiste, je fais de l'art; » lui, plus sincère, avouait franchement que l'argent lui était plus précieux que la gloire. Il en a fait l'aveu naïf dans un couplet remarquable, — bien qu'un peu gâté par l'argot, — de sa chanson sur *les Disgrâces de porter perruque :*

> Si, pour vous amuser le soir,
> Je chante au quai de la Ferraille,
> Vous savez que c'est dans l'espoir
> De gagner un peu de *mitraille*....

Cette *mitraille*, quand Baptiste chantait, jaillissait d'elle-même de toutes les poches pour tomber au milieu du cercle de chandelles qui lui servait de rampe, en jonchée de liards et de gros sols. Plus d'une fois, des pièces de monnaie blanche se mêlaient comme des grêlons brillants à cette pluie de cuivre et constellaient, souriantes étoiles, le tapis râpé, tendu pour les hasards de la recette. C'était l'hommage des auditeurs plus huppés, qui se laissaient aller à grossir la troupe badaude pour écouter l'Arion du quai; et sa sirène *Riche-en-gueule*. C'est ainsi qu'on appelait souvent madame Baptiste.

Il me semble, par exemple, voir Greuze, le peintre, se déranger de son chemin pour venir un instant prêter l'oreille aux grivoiseries du *Divertissant*.

Il était volontiers flâneur, et le grivois ne

lui déplaisait pas. Sur la fin de sa vie, lorsqu'il logera rue Basse-Porte Saint-Denis, le boulevard Bonne-Nouvelle verra ses longues promenades de chaque soir; maintenant il loge rue Thibaut-aux-dés[1], et le quai de la Ferraille est naturellement ses galeries. Les groupes l'attirent par l'appât des jolis minois de grisettes, *becs friands* de boutiques [2], qu'il y pourra croquer tout épanouis, le nez au vent. Ce n'est pas ailleurs qu'il a pris ses types d'innocentes. Parfois même il descendait plus bas pour les trouver. Des médisants disaient qu'une des demoiselles de la Delaunay avait posé pour son *Accordée de village*[3]. Sur le Pont-Neuf qu'il dut traverser souvent, en allant de sa rue Thibaut-aux-dés faire visite sur le quai des Augustins à mademoiselle

---

[1] *L'Almanach royal* du temps, à l'article *Académie de Peinture*. — *V.* pour une visite à Greuze dans son atelier en 1786, la *Quinzaine anglaise* du chevalier Rutlidge, 1786, in-16, t. Ier; p. 135-142, et t. III, p. 157.

[2] C'est ainsi qu'on avait longtemps appelé les fillettes qui faisaient, comme madame du Barry, dans sa jeunesse, concurrence de galanterie aux demoiselles du Pont-Neuf. *V.* la rarissime plaquette, *Requeste des courtisanes de Paris au syndic des Bourgeois de la Samaritaine, et agent du Cheval de Bronze*, 1634, petit in-8°.

[3] *Les B....de Thalie,* 1793, in-8°, p. 10.

Babuti, qui devint sa femme[1], il trouvait encore à glaner des traits et des types pour ses tableaux. Un matin d'hiver qu'il y passait, ayant cet air effaré, qui faisait dire : c'est un peintre, ou c'est un fou[2], il vit une pauvre petite fille à peine vêtue, dont la voix grelottait des sanglots, et une femme aux allures de mégère qui, pour répondre à ses cris : J'ai faim, j'ai faim ! lui brisait les dents avec un morceau de pain dur. C'en fut assez pour Greuze ; il avait trouvé son tableau de *la Marâtre.*

Les peintres avaient toujours affaire sur le Pont-Neuf. Leurs pas n'y étaient jamais perdus. Ils étaient même obligés quelquefois d'y venir pour autre chose que pour des études de types et d'effets de soleil. Le gouverneur de la Samaritaine, avec qui nous avons déjà fait connaissance, avait, à l'époque dont nous parlons, une sorte d'autorité sur l'Académie, et par suite, sur l'exposition de peinture.

J'aurais cru volontiers que ce gouverneur en fonction, sur la fin de Louis XVI, ne devait, comme ses prédécesseurs, s'intéresser

---

[1] *V.* plus haut, p. 392.—Son frère Babuti le fils était libraire sur le quai, à l'enseigne de *l'Étoile.*
[2] Pujoulx, *Paris à la fin du 18ᵉ siècle,* in-8°, p. 220.

aux arts qu'à titre de proche voisin de la place Dauphine et de son exposition annuelle. Point du tout, il avait alors, en certains cas, une prépondérance directe sur l'Académie et principalement sur le *Sallon* (sic). Pourquoi? c'est ce que nous allons voir.

Il a été dit plus haut[1] qu'à l'époque où Mercier fit son *Tableau de Paris,* le gouvernement de la Samaritaine appartenait à Rulhière ; il fallait dire : la *survivance* du gouvernement de la Samaritaine. M. de Breteuil n'avait pu, en 1775, faire obtenir davantage au futur académicien son protégé [2]. Le titulaire en effet vivait encore, et si bien même qu'il devait, comme nous le verrons, survivre à celui qui guettait sa précieuse survivance. Six mille livres d'appointement,—M. le gouverneur ne touchait pas moins[3],—venant s'ajouter aux six autres mille livres que recevait Rulhière, en qualité *d'employé sur l'État des affaires étrangères, dans la classe des écrivains politiques,* eussent merveilleusement ar-

---

[1] P. 342.

[2] *Biog. Universelle,* t. XXXIX, p. 306.

Waroquier, *Etat de la France*, 1789, in-8°, t. Ier, p. 112.—En 1790, avant d'être tout à fait supprimé, il fut beaucoup diminué (*Nouv. Tabl. de Paris,* p. 139.)

rangé ses affaires. Il les attendait donc impatiemment, d'autant plus qu'il savait avoir des droits au titre dont c'était la rémunération. Il avait servi, et tout jeune encore était parvenu au grade de capitaine de cavalerie [1]. Or, l'usage voulait que, par préférence, on donnât à d'anciens militaires, comme lui, le gouvernement de la Samaritaine [2]. Celui qui l'occupait alors ne pouvait faire valoir de tels services, puisque sa vie s'était passée dans les bureaux ; mais il avait obtenu, il tenait, et il gardait. Il se nommait Cuvillier, et personne ne faisait plus grosse figure que lui dans l'administration des *Bâtiments du Roi*. Au gouvernement de la Samaritaine, dont l'enviable et grasse sinécure lui était échue après la mort de Claude Marie Périer [3], il joignait en effet les fonctions de

---

[1] *Les Jeux de mains, etc.*, par Rulhière, 1808, in-8°, Notice.—En ce point, la jolie nouvelle de M. Emile Deschamps où l'on voit, sur la fin de Louis XV, un chevalier de Rancé fait *Gouverneur de la Samaritaine* en récompense de son bras emporté à Fontenoy est vraisemblable, sinon vraie. V. le *Musée des familles*, t. IX, p. 98.

[2] *Le Provincial à Paris*, 1788, in-32, *Quartier Notre-Dame*, 2ᵉ partie, p. 181.

[3] Waroquier, *Etat de la France*, t. Iᵉʳ, p. 112.

premier commis des *Bâtiments pour l'expédition des ordonnances* [1]. C'est à ce titre, qu'en certaines circonstances, il avait sur l'exposition de peinture la prépondérance policière dont nous avons parlé. Si quelque exécution y était à faire, c'est lui qui exécutait.

David qui était dans la fleur de sa réputation, comme rénovateur de la peinture à l'antique, avait fait cette année-là, pour le Salon, le tableau des *Licteurs rapportant à Brutus les corps de ses fils*. M. d'Angeviller, surintendant des bâtiments du roi, que les habitudes de goût contractées dans sa jeunesse, rendaient fort peu partisan de cette nouvelle manière, si différente de celle de Watteau et de Lancret, vit le tableau de David, et le trouva d'un genre beaucoup trop sinistre. *Les Horaces* déjà ne lui avaient guère plu quatre ans auparavant; ce *Brutus* lui déplut tout à fait et il résolut de lui interdire le Louvre. A cet effet, il fit appeler le gouverneur du Salon qui, de son côté, fit venir le commis à l'*expédition des ordonnances*, gouverneur de la Samaritaine, lequel, à son tour, manda le premier peintre du roi, et la grande mesure d'exclusion fut prise.

[1] Waroquier, *État de la France*, t. 1er, p. 111.

Au moment où, sur la réputation que la nouvelle œuvre de David avait déjà près des connaisseurs, chacun désirait la connaître, on vit paraître dans les journaux une petite note qui trompait l'impatience de tout le monde. Il y était dit. « que le gouverneur du Salon de peinture ordonnait à M. Cuvillier, gouverneur de la Samaritaine, de prescrire à M. Vien, premier peintre du Roi, de défendre au sieur David d'exposer les *deux fils de Brutus*[1]. » Que vouliez-vous que le peintre fît contre tant de gens ? Il se soumit. Son *Brutus* ne parut pas à l'ouverture du Salon de 1789. Vers la fin de l'exposition seulement, l'entrée lui en fut accordée. C'était une concession de M. d'Angeviller, mais qui était due à une concession de l'artiste. Dans le tableau, tel qu'il avait été conçu d'abord, on voyait des licteurs porter les têtes des deux fils décapités, détail sanglant, qui plus que tout le reste, avait déplu au surintendant. David, qui ne le croyait pas indispensable à l'effet de la scène, le supprima. Les têtes furent ca-

---

[1] M. Ed. et J. de Goncourt ont reproduit cette curieuse note dans leur *Histoire de la Société française pendant la Révolution*, p. 44.

chées, et le tableau put se montrer au Salon [1].

On voit que la Samaritaine, dont on ne s'attendait pas certainement à voir intervenir le gouverneur dans cette curieuse affaire, pourrait avoir son histoire *politique et artistique*, ajoutons aussi son *histoire littéraire*. Les vers, en couplets et en épigrammes, dont elle fut le motif, y figureraient en première ligne. On y joindrait ensuite incidemment les célèbres *Mémoires de la Calotte*, puisqu'il est vrai que le général de cette satirique institution datait quelquefois ses arrêts contre les sots et les fous, de ce château, ou *palais*, comme il l'appelle, qui en avait tant vu passer [2]. Ensuite viendrait, comme partie importante de cette bibliographie, un livre qui parut dans les premiers jours de 1787. Ce livre n'est qu'un almanach, mais un almanach spirituel, et qui mieux est, et ce qui surtout nous importe, c'est l'almanach de la Samaritaine elle-même ! En voici le titre complet : *Almanach de la Samaritaine, avec les prédictions pour l'année 1787, à MM. les Parisiens, au château de la Samaritaine.*

L'antique matrone du Pont-Neuf commence

[1] Fréd. Villot, *Notice des Tableaux du Louvre*, 3me partie, p. 146.

[2] *Mémoires pour servir à l'Histoire de la Calotte*, 1732, in-12, p. 182.

par déclarer que personne n'avait plus qu'elle le droit de faire un almanach, et le moyen de le bien faire : « Il y a si longtemps, dit-elle avec une sorte de mélancolie, que je me tiens à la belle étoile, et que j'épie les années, les mois, les nuits, les jours... » Elle admire, en personne de sens, le grand ordre universel, où rien ne se dérange et ne se détraque jamais. Malheureusement, lorsque après ce regard admiratif jeté au dehors, elle rentre chez elle, en son château, c'est autre chose. Rien n'y marche bien. M. le gouverneur gouverne *in partibus,* on le paye, mais il ne réside pas, et tout, notamment l'horloge, va de mal en pis. A ce moment même, au mois de janvier 1787, elle est arrêtée. Est-ce à cause du froid, comme en ce grand hiver qui faisait dire à Boisrobert :

> La Samaritaine enrhumée
> N'a plus sa voix accoutumée [1] ?

On ne sait pas, mais on la plaint. A qui s'en prendre ? près de qui réclamer ? faudra-t-il plaider ? La Samaritaine se demande tout cela, sans savoir à quoi se résoudre. « Il y a, dit-elle, si longtemps que je suis en possession d'avertir la ville de la succession des heures,

---

[1] *L'Hyver de Paris,* épistre à M. d'Avaux.

et que je la réjouis par la variété des sons, que mes droits dans cette partie sont incontestables ; mais pour les faire valoir, plaiderai-je? ne plaiderai-je pas? Je ne sais pas même à qui m'adresser. Est-ce à la cour? est-ce à la ville? est-ce au personnage qu'on nomme mon gouverneur, quoique je sois d'un âge à n'être plus en tutelle?...

« D'ailleurs, depuis que j'habite le Pont-Neuf, où la munificence de la ville me plaça jadis avec le plus grand éclat, j'ai tant vu de plaideuses en triste habit noir, aller, venir, soupirer, sans pouvoir obtenir une audience, que cela me décourage. Prendrai-je un procureur? Le remède serait pire que le mal. Bientôt forcée de vendre ma cruche, ma fontaine, ma dorure pour satisfaire à sa voracité, je me verrais au milieu du ruisseau, avant qu'il eût commencé la procédure.

« Je devine la cause de mon infortune. On ne veut plus écouter que les jeunes coquettes, les vieilles ont tort, plus que jamais, et d'ailleurs, comment se résoudre à voir un cadran qui règle les heures, quand on vit d'une manière désordonnée : tous les instants se confondent de manière à ne plus dîner que le soir, à ne plus se coucher que le matin...

« On dira sans doute qu'on n'a pas besoin d'horloge, depuis qu'on a deux montres; mais qu'est-ce qui ne sait pas que nos élégants, toujours magnifiques, et toujours sans argent, ne peuvent plus apprendre l'heure qu'au Mont-de-Piété ? »

La Samaritaine, sur le titre de son almanach, a promis des prédictions, et elle en donne, en effet, qui sont dans l'esprit du reste. Elle se connaît en vertu, elle a tant vu de fillettes faire des faux pas sur son trottoir pour ne se relever que dans le déshonneur; elle a vu tant de malheureuses, dont les caravanes ont commencé près de sa grille, s'en aller finir, le plus grand nombre à l'hôpital, et quelques-unes en de beaux hôtels, qu'elle peut sans courir le risque d'être démentie, faire la prédiction suivante : « Une paysanne, brute comme les bêtes mêmes qu'elle aura soignées, arrivera dans Paris, paraîtra toute tremblante au Palais-Royal, pleurant sa mère, ses vaches, ses pommes de terre, et dans deux mois de temps, elle aura de l'esprit, des façons, un équipage, un hôtel et mille adorateurs, qui l'appelleront *Madame la baronne,* et qu'elle favorisera d'un sourire. La meilleure banque dans Paris est un joli minois... »

La Samaritaine se connaît en livres aussi. L'on en a tant vendu sur le parapet qui l'avoisine ! Elle sait qu'ils ont eux aussi leur destin, *habent sua fata*, elle croit donc pouvoir prédire à coup sûr : « Les in-folio continueront d'être au rabais, et les in-16 auront une vogue étonnante. On les transporte facilement ; et, quelque chose de mieux, on les perd... »

Ce dernier trait va droit à l'adresse du petit in-16 qui le lance en toute modestie. On n'a pas, en effet, beaucoup pris la peine de ne pas le perdre : il est devenu rare.

La nymphe du Pont-Neuf,—car malgré son origine biblique, on peut, sans être profane, donner ce nom à la Samaritaine,—ne sait que trop aussi combien est inconstant le fleuve près duquel elle a penché son urne, et combien sont terribles ses ravages quand il déborde. Il n'y a que trois ans, à la fin du rude hiver de 1783, la Seine « prodigieusement gonflée, » comme dit Wille [1], s'est répandue sur les quais ; a fait des rues voisines autant de rivières, et le pauvre petit château hydraulique a tremblé sur ses pilotis. Les bateaux

---

[1] *Journal*, t. II, p. 85.

ont été emportés ; celui sur lequel Vatrin avait, en 1768, établi pour la commodité des orfèvres une ingénieuse machine à laminer, et qui était amarré tout près des poutres de la pompe [1], a considérablement souffert. Toutes les familles qui habitaient les maisons bâties sur les ponts voisins, ont émigré avec leurs meubles, comme à l'époque des grandes débâcles [2] ; M. le gouverneur du château n'a pas été plus brave, et la pauvre Samaritaine s'est trouvée abandonnée toute seule au danger d'être emportée. Elle en frémit encore ; aussi, dans son almanach de 1787, n'oublie-t-elle pas le chapitre des inondations. Bonne fille toutefois et sans rancune, ayant appris à rire de tout, en écoutant ses voisins les chanteurs, elle plaisante avec le sinistre qu'elle prédit et qu'elle redoute :

« Des inondations subites, dit-elle sous la date du mois de mai, formeront des torrents, ce qui rendra quelques chemins périlleux, et ce qui rappellera le bon mot d'un cocher, qui dit à un évêque en pareil cas : « Priez Dieu, « monseigneur, car je vois l'heure où nos « deux siéges vont être vacants. »

[1] *L'Avant-Coureur*, 1768, p. 118.
[2] Pujoulx, *Paris à la fin du 18e siècle*, 1801, p. 107.

Si la Samaritaine trouve, même pour les inondations qui peuvent l'emporter à vau-l'eau, le petit mot pour rire, les passants du Pont-Neuf, tout aussi insouciants, se font de ce sinistre, quand il menace Paris, une occasion de curiosité, un prétexte à badauderie. Les voyez-vous accoudés sur les parapets du pont, comme sur le devant d'une loge de théâtre, qui regardent le flot monter, et s'amusent des débris qu'il emporte? La badauderie ici est sans pitié, infatigable. Lorsque les inondations ou les débâcles ne lui sont pas un spectacle, elle trouve ailleurs où se prendre, sans quitter le parapet où elle s'accoude si commodément : d'abord, voici les jolies clientes du bain flottant que Poitevin a établi en 1765 [1], tout près de la Samaritaine [2], et dont Vigier, comme nous le verrons, deviendra le propriétaire. Elles vont, elles viennent, trottant menu, montant ou descendant l'échelle qui conduit à cette Jouvence, et donnent envie d'aller se rajeunir dans ses baignoires. Que de flâneurs sont restés pendant des heures, l'œil fixé sur l'étroite fenêtre des cellules, où chacune de ces jolies visiteuses se

[1] Prud'homme, *Miroir historique de Paris*, 1807, in-12, t. Ier, p. 82-83.
[2] *Paris et ses Modes*, 1803, in-12, p. 117.

transforme en naïade, espérant qu'un souffle indiscret soulèvera le coin du rideau! Plus loin, ce sont les rudes débardeurs que l'on regarde, entassant de hauts monceaux de bois à brûler sur la berge du port Saint-Nicolas. Il se fait parfois de grands mouvements de ce côté. Il n'est pas rare que la police y descende. On dit que l'imprimeur clandestin des *Nouvelles ecclésiastiques,* cette publication si ardemment poursuivie [1], a porté l'audace jusqu'à faire imprimer ses feuilles, tout près du Louvre, sur les bateaux amarrés au bas du port, ou même derrière les piles de bois de ses chantiers [2]. Le flâneur des parapets du Pont-Neuf guette l'instant où la police surprendra l'audacieux imprimeur, et se fait d'avance une fête de cette curieuse saisie en plein air.

Un autre jour, le 23 août 1783, le bruit a couru qu'un certain M. de La Rue, d'Elbeuf, naviguera sur la Seine, du Pont-Neuf jusqu'au Pont-Royal, avec un bateau mû par une grande roue qu'un seul homme peut tourner. Une foule de gens vont donc s'accouder de bonne heure sur le parapet du pont, et en effet

---

[1] *Mémoires secrets,* t. XXIV, p. 215.
[2] Mercier, *Tableau de Paris,* 2ᵉ édition, t. Iᵉʳ, p. 64.
—Saint-Edme, *Biographie de la Police,* 1829, in-8°, p. 73.

l'homme paraît bientôt avec son bateau, et fait merveille [1]. La curiosité des badauds du pont n'est pas toujours aussi heureuse. Le 8 décembre de la même année 1783, paraît dans le *Journal de Paris* [2], l'annonce d'un certain M. Dun, horloger de Lyon, qui se fait fort de traverser la Seine, entre le Pont-Neuf et le Pont-Royal, « à fleur d'eau, et avec assez de vitesse pour qu'un cheval qui partiroit en même temps, au grand trot, d'une extrémité du Pont-Neuf, n'arrivât pas avant lui à la rive opposée. » Le sieur Dun se servira de sabots élastiques, « distant l'un de l'autre de la grandeur d'un pas ordinaire, et fixés par une barre, comme deux boulets ramés. » La seule chose qu'il demande, c'est de trouver au bout de sa première traversée, 200 louis sur la rive opposée pour se payer des frais de son voyage. Une souscription s'ouvre et est bientôt couverte ; une gravure paraît qui représente la mise à exécution du projet annoncé [3], et tout Paris est dans une incroyable impatience. Dès

---

[1] *Mémoires secrets*, t. XXIII, p. 134.

[2] *V.* le n° du 8 décembre 1783.

[3] *La Revue universelle des arts*, t. IV, p. 544-547, en donne la description détaillée, et le *Magasin pittor.* t. XIX, p. 273, l'a reproduite.

la veille du jour marqué pour l'expérience [1], le Pont-Neuf et le Pont-Royal sont encombrés de curieux; mais le lendemain matin, lorsque la foule augmente de plus en plus, sur les ponts, sur les quais, sur les berges, on apprend que tout cela n'est qu'une mystification.

L'horloger Dun était un M. de Combles, qui faillit aller expier à la Bastille sa mauvaise plaisanterie [2].

Quand ce fainéant, ce badaud de chaque jour, de chaque heure, de chaque minute, qui n'a d'autre occupation que celles de sa curiosité, reporte sur le Pont-Neuf même son active attention, que de choses à voir encore pour lui, que de bonnes anecdotes à entendre conter : depuis l'histoire de ce scrupuleux savant, dont Fontenelle et Dupuy-Demporte ont parlé [3], et qui, désolé de voir combien se détérioraient vite sous les souliers des innombrables passants, la chaussée et les trottoirs du pont, « évitoit toujours de poser le pied sur les pavés usés; » jusqu'à l'aventure de l'Anglais et de ses pièces de six livres à vendre pour vingt-quatre sous; jusqu'à la tra-

[1] C'était le 7 janvier. (*Journal* de Wille, t. II, 78.)
[2] *Mém. secrets,* t. XXIII, p. 77, 94, 102, 108.
[3] *Histoire générale du Pont-Neuf,* p. 36.

gi-comédie de la perruche du quai des Orfévres !

Ces deux dernières histoires étant de l'époque où nous sommes arrivés, puisque l'une date de 1774[1], l'autre de 1787, je m'en vais vous les dire en deux mots.

L'Anglais de la première anecdote est un intrépide faiseur de gageures. Il sait combien est badaude la population de Paris, mais, comme il l'a bien étudiée, il sait aussi combien elle est défiante. Il parie donc que, deux heures durant, il se promènera dans l'endroit le plus fréquenté de Paris, c'est-à-dire sur le Pont-Neuf, criant à tue-tête : « Pièces de six livres à vendre pour vingt-quatre sous ! » et que, malgré cette belle annonce, malgré l'étalage qu'il fera de ses beaux écus neufs, il n'arrivera pas à vider un sac de douze cents livres. Il raisonnait juste, et le résultat lui donna raison.

Quand l'enchanteur du conte arabe d'Aladin s'en alla criant par les rues ses lampes neuves à échanger pour des vieilles, peu s'en fallut qu'il ne trouvât pas un chaland. Il en fut de même pour l'Anglais. Plus d'une heure était passée, et personne n'a-

[1] *Les Mém. secrets* l'indiquent sous la date du 28 janvier 1774.

vait pris à son amorce. Les uns disaient : « Que nous veut ce marchand de fausse monnaie ? pour qui nous prend-il ? » et s'en allaient en lui riant au nez. Les autres se contentaient de hausser les épaules, et se fussent crus déjà dupes s'ils avaient seulement daigné palper les pièces. La seconde heure allait finir, quand une vieille s'arrêta, prit trois des écus, les examina longtemps, les fit retentir l'un contre l'autre, les jeta de haut sur le pavé pour voir si leur son était de bon aloi, et tirant de sa poche trois pièces d'une livre chaque, elle les jeta à l'Anglais en disant : « Ma foi ! je me risque ! » Ce fut tout ce qu'il vendit. Le gain du pari fut pour lui[1].

La perruche du quai des Orfèvres a une tout autre histoire. C'était, pour l'éclat du plumage et la gentillesse du babil, une bête des plus charmantes. Certaine grande dame à la mode qui venait souvent chez la joaillière à qui elle appartenait, mourait d'envie de l'avoir chez elle dans une jolie cage à barreaux dorés. Sa passion était pour les animaux. En même temps que la perruche de la bijoutière, elle convoitait du même ar-

---

[1] Mercier, *Tableau de Paris*, t. Ier, p. 150-151.

dent désir le sapajou de l'écuyer Astley, le célèbre général Jacquot. Elle en dit deux mots à un agréable qui passait ses journées à l'ennuyer de ses soupirs, et lui fit entendre que si, grâce à lui, la jolie perruche et le singe arrivaient chez elle, il n'aurait plus tant à soupirer. Il fut aussitôt en campagne, faisant les plus belles offres pour la perruche, que le bijoutier, après de longs refus, lui céda moyennant cinquante louis ; et pour le singe, qu'Astley ne voulut vendre à aucun prix, il ne consentit à donner à notre agréable qu'un conseil et un renseignement : « Un rôtisseur de la rue de Bourbon, lui dit-il, possède un singe presque semblable à Jacquot, de même taille, de même esprit, aussi savant, ou peu s'en faut. On l'aurait pour rien. »

Le jeune homme y courut, fit ses offres, mais n'obtint le sapajou que moyennant cinquante autres louis. C'est ce que Astley appelait pour rien. En bon diable, il offrit un des habits de général dont se parait son singe, on en habilla l'autre, et l'illusion fut complète.

La dame du moins s'y laissa prendre, quand le jeune homme se fût fait annoncer avec ses bêtes, et entra, la perruche sur le doigt et le singe en laisse. Elle admira, caressa, jasa, puis dit qu'elle sortait pour une courte visite, et qu'on l'attendît. On l'attendit en effet, mais comment? Hélas! pendant que le soupirant soupire, le nez dans un roman sentimental, le singe qui ne veut pas rester sans rien faire, se rappelle, en regardant la perruche, le métier de son premier maître, le rôtisseur. Il ne fait qu'un saut jusqu'au perchoir, tord d'un seul coup ce gosier qui jasait si bien, et commence à plumer de toutes ses forces le pauvre oiseau mort. Il en était là, quand le jeune homme lève les yeux. Une autre scène commence alors. Le singe est poursuivi, la canne haut; en fuyant il renverse un admirable service de porcelaine, dont la chute irrité encore la fureur de celui qui veut l'atteindre, et qui l'atteint, en effet, de telle sorte que la pauvre bête tombe morte auprès de sa victime, au milieu des tasses brisées. Là dessus, la dame entre, et vous devinez le reste [1].

Voilà les anecdotes que l'on contait, au pont et dans les environs, de 1776 à 1787.

Le temps n'est pas loin où l'on y devra jouer des scènes bien autrement sérieuses.

Désormais plus de joie, plus de gaieté, plus

---

[1] *Mémorial de l'Europe*, 1787, in-12, t. II, p. 61-63.

de fête. Ils sont passés ces jours d'acclamations populaires, où tout Paris accouru sur le Pont-Neuf, saluait de ses cris Louis XIII se rendant aux Augustins pour quelque solennité de l'Ordre du Saint-Esprit; Louis XIV allant à Notre-Dame prier pour l'âme de sa mère; Louis XV venant allumer le feu de la Saint-Jean, ou s'en allant avec sa famille à Notre-Dame remercier Dieu de sa guérison[1].

Encore un peu, et le nom de roi ne sera prononcé au Pont-Neuf que pour être maudit.

[1] La gravure populaire, longue de 1 mètre 30 centimètres et haute de 68 centimètres, dont nous donnons la photographie, représente cette entrée du roi à Paris, le 13 novembre 1744, après sa maladie à Metz. Il est en carrosse de gala, avec la reine, le Dauphin et ses trois filles, dont la plus jeune n'avait que sept ans. A droite, sur le pont, on voit la Samaritaine; et, en face, la statue d'Henri IV, avec les statues presque imperceptibles du piédestal. Cette estampe, dont le coloriage grossier nuit un peu à l'effet photographique, et, où la perspective brille par son absence, n'est pas un chef-d'œuvre, mais elle est rare, et, ce qui nous l'a fait préférer à toute autre, elle est du genre de celles qu'on vendait le plus sur le pont qu'elle représente. L'exemplaire dont nous donnons la reproduction est tiré du cabinet de M. Éd. Dentu. Il est en trois parties, dont la photographie, trop exacte ici, n'a pu dissimuler les sutures.

XIII

La Révolution commence au Pont-Neuf.—Le chancelier Maupeou exécuté en effigie à la place Dauphine. — Louis XVI au Pont-Neuf.—L'air de *Lucile* à la Samaritaine.—Fête des oiseaux du quai de la Ferraille le jour du sacre.—Hommages publics à la statue d'Henri IV. — Pourquoi.—Le duc d'Orléans forcé de saluer son ancêtre de bronze. — Émeute à la place Dauphine.—L'air des *Lampions* en 1788.— Exécution du mannequin de Calonne. — Exécution du mannequin de Brienne. — Bataille du guet et du peuple au Pont-Neuf. — Incendie du corps de garde.—Les canons d'alarme au terre-plein.—La journée du 5 octobre et la fête de la Constitution au Pont-Neuf. — La *Patrie en danger!* — Les enrôlements volontaires au Pont-Neuf.— Danses et spectacles au quai de la Ferraille.— Les chanteurs révolutionnaires.— Ladré et le *Ça-ira.*—Le *Pot-pourri de la Guillotine.*—Pitou *l'Auxerrois*. — La *Complainte de Louis XVI* et la *Marseillaise.* — Les Marseillais à la place Dauphine.—Le 10 août au Pont-Neuf. — Les canons enlevés. — Rôle des *orfévres* du quai pendant la Terreur. — Le *bataillon d'Henri IV* et son commandant, le bijoutier Carle.—Banquets civiques et populaires à la salle des Pas-Perdus, à Vaugirard, au quai des Orfévres.—Inscription de la grille du Cheval de Bronze enlevée.—Réaction au quai des Orfévres.— Assassinat de Carle.—Où, comment et pourquoi. — Décret contre les statues des rois..— Celle de Henri IV épargnée un jour, puis renversée.—Ce qu'on trouve dans le ventre et sous un des pieds du cheval. — Le Christ de la Samaritaine enlevé. — Le carillon menacé. — *Requête du carillonneur.*— Le dernier gouverneur de la Samaritaine. —Comment ce n'était pas Rulhière.— Ce que devient le petit château.—Le peintre de marine Crespin.—Projets de monuments au terre-plein. — David et sa statue du Peuple. — Les Polichinelles du Fédéralisme. — L'obélisque de Peyre. — Les *Thermes* de Gisors.—Les échoppiers.—Le *Café Paris.* —Son jardin babylonien.— Ses habitués.— Danton au *Café du Parnasse.* — Pourquoi il épouse la fille du limonadier Charpentier. — Les journées de septembre au Pont-Neuf. — Les prêtres massacrés dans des fiacres.—Visite des cadavres sur le pont.—Les canons du terre-plein au 31 mai.—Fabrique de poignards au quai des Orfévres.—Apothéose de Marat au Pont-Neuf. — Passage des charrettes. — Vision de Fouquier-Tinville.

C'est au Pont-Neuf que commença vraiment la Révolution. Elle y était déjà toute en fièvre, qu'on ne soupçonnait même pas ailleurs qu'elle pouvait être. Le cœur ainsi se trouvait malade avant les membres. De là, le mal se répandit dans Paris, et de Paris dans la France. Son premier symptôme se déclara peu de mois après la mort de Louis XV, et ce symptôme, qui fut un désordre, vint du Parlement.

Le vrai forum de la Basoche, lorsque la

cour du Palais et celle du Harlay ne suffisaient plus à ses ébats, était la place Dauphine. Là se faisaient ses grandes manifestations de joie ou de mécontentement. Celle dont je parle ne fut que joyeuse, mais la joie dont elle était l'expression venait du long mécontentement dont elle marquait la fin. Avec Louis XV était mort le Parlement bâtard du chancelier Maupeou. On n'avait point osé fêter la mort du roi, mais on voulut se donner le plaisir de fêter la chute du chancelier, qui en avait été la conséquence, et cette fête d'adieu mêla ses bouffonneries vengeresses aux transports enthousiastes qu'excitait à Paris la première fête du nouveau roi, Louis XVI, la Saint-Louis de 1774.

C'est le mardi soir, 23 août, que la Basoche, n'y tenant plus, fit du mannequin du chancelier un brandon d'allégresse pour la bienvenue du nouveau règne. « Sur le soir, lisons-nous dans le *Journal d'un bourgeois de Paris*[1], au milieu de la multitude, dont la place Dauphine, toute en feu des fusées et des pétards que l'on y tirait, se trouvait remplie, on voit paraître tout d'un coup une grande

---

[1] *Nouv. Revue encyclop.*, nov. 1847, p. 443.

perche, au bout de laquelle on avait placé un transparent de lumière, portant ces mots : *Vive le roi, vivent la reine et la famille royale!* Puis ensuite, une autre perche au haut de laquelle on voyait une espèce de figure représentant tant bien que mal le chancelier, formée d'un panier à chauffer du linge bourré de paille, et au-dessus duquel on avait mis une tête, le tout couvert d'une vieille robe de Palais. On entend crier en même temps : *Arrêt de la Cour du Parlement, qui juge et condamne le sieur de Maupeou, chancelier de France, à être brûlé vif, et ses cendres jetées au vent.* Puis, on met le feu à cette figure, qui bientôt effectivement se trouve réduite en cendres qu'on disperse ensuite à grands coups de balai. Pouvait-on donner un signe de haine plus marqué que celui-là ? »

Quelques mois après, le Parlement, dont celui de Maupeou s'était fait pendant plus de trois ans l'effronté remplaçant, fut solennellement rétabli, et ce furent de nouvelles réjouissances au Pont-Neuf. Le roi vint lui-même en grande pompe tenir, à cette occasion, un lit de justice au Palais. Il passa sur le Pont-Neuf, tout couvert d'une foule enthousiaste et tout enguirlandé de fleurs.

Lorsqu'il fut devant la Samaritaine, le carillon sonna l'air, alors nouveau, de la *Lucile* de Grétry :

> Où peut-on être mieux
> Qu'au sein de sa famille,

et le peuple qui comprit l'allusion, reprit en chœur tout d'une voix [1].

L'année d'après, au mois de juin, pendant qu'on faisait à Reims d'admirables fêtes pour le sacre, le Pont-Neuf se donnait les siennes, et sur les quais des environs, on l'imitait. L'usage était, en ces jours de joie et de clémence, où le nouveau roi inaugurait son droit de grâce par la libération d'un certain nombre de prisonniers, que les oiseliers dussent, eux aussi, rendre libres quelques-uns de leurs captifs. Jadis, c'était sur le Pont-au-Change, où ils habitaient la plupart, qu'avait lieu cette petite fête de l'émancipation des oiseaux [2], à la grande joie du peuple dont les bruyantes acclamations effarouchaient un peu tout d'abord ces pauvrets surpris d'être libres. Cette fois, comme toute l'oisellerie pa-

---

[1] Prud'homme, *Miroir histor. de Paris*, t. III, p. 291.
[2] *Journal* de Barbier, 1re édit., t. Ier, p. 281.

risienne avait émigré sur le quai de la Ferraille, c'est là que s'ouvrirent les cages, et que tout un peuple de gamins salua de ses cris le rapide adieu des affranchis ailés.

Cette joie, ces démonstrations, si sincères alors, en faveur du nouveau roi ne durèrent guère. Le règne eût ses exigences, et ces exigences motivèrent des mesures qui firent trébucher la popularité de Louis XVI. D'abord on ne se plaignit pas bien haut. Au lieu de recourir à quelque manifestation hostile, on se contenta de faire silencieusement appel à la mémoire du roi dont le Pont-Neuf gardait la populaire effigie, et que la France avait espéré voir revivre en Louis XVI. Sous le règne précédent, il en avait été ainsi. Lorsque pendant la dernière maladie du Dauphin, dont le nouveau roi était le fils, on était venu s'agenouiller et brûler des cierges devant la statue de Henri IV, l'hommage au Roi de Bronze cachait une satire pour Louis XV, qui le faisait trop regretter. Voltaire l'avait bien compris. Dans son *Épître à Henri IV*[1], qu'il écrivit à cette occasion, il fit voir indirectement que si, en tout cela, se trouvait une

---

[1] *Œuvres*, édit. compacte, t. Ier, p. 821.

part d'éloge, et pour l'ancêtre et pour le dernier de ses petits-fils dont on craignait alors la mort, il s'y trouvait surtout une part de blâme pour le roi qui, descendant indigne de l'un, allait perdre dans l'autre un successeur meilleur que lui.

Quelqu'un [1] qui, tout enfant, put voir les manifestations dont la statue du Pont-Neuf était l'objet, sous Louis XVI, et qui fut à même d'apprécier le sentiment qui s'y cachait, s'expliquait encore ainsi dernièrement [2] sur la vraie pensée et sur le plus ou moins de sincérité des hommages rendus à l'image du Béarnais : « En 1788, dit-il, tout enfant encore, et conduit par ma mère, je m'agenouillais sur le terre-plein du Pont-Neuf, devant la statue de Henri IV. Bien d'autres en faisaient autant. Aux approches de 89 surtout, ce prince était devenu l'homme, le héros, le père, le roi populaire, le dieu de la nation. L'enthousiasme qu'il inspirait était-il exempt de toutes malicieuses pensées ? je n'en voudrais pas répondre : j'ai peur que depuis longtemps on ne cachât à

---

[1] M. Fr. Barrière.
[2] *Journal des Débats*, 16 fév. 1861.

plaisir dans son éloge un blâme hostile à tous ses successeurs. »

Quelquefois, on ne prenait même pas la peine de le cacher, et il devenait impossible de ne pas voir une sorte d'insulte au roi vivant dans l'ironique hommage rendu au roi mort. Ce fut ainsi le 24 août 1787. La fête de Louis XVI venait le lendemain, et l'on n'aurait dû naturellement songer qu'aux réjouissances dont elle était l'occasion. Point du tout, on n'eut de pensée et d'acclamations que pour le roi du Pont-Neuf. C'est que, trois semaines auparavant, Louis XVI avait tenu à Versailles un lit de justice pour l'enregistrement forcé de deux édits odieux : celui du *Timbre* et celui de la *Subvention territoriale*[1], dus tous deux à Brienne qui venait de succéder à Calonne.

En de telles circonstances, célébrer Henri IV, c'était dire : « Lui certes n'eût pas fait de pareilles lois; » le fêter le jour même marqué pour la fête du nouveau roi, c'était déclarer à celui-ci qu'il ne méritait plus d'être fêté.

Les gens du Parlement, toute la Basoche et ses amis, s'étaient donc emparés de la

[1] Sallier, *Annales françaises*, p. 91.

place Dauphine et des abords de la statue de Henri IV. Si quelqu'un passait, on le forçait de saluer l'image de bronze. Si l'on était en voiture, il fallait descendre, et saluer. Le duc d'Orléans qui n'ignorait pas ces menées, car il y avait la main, vint par là tâter un peu sa popularité. On poussa quelques cris : *Vive le duc d'Orléans !* mais il ne put échapper à l'obligation de l'hommage public. Lui aussi, il dut descendre de sa voiture, et pendant qu'il faisait à l'image de son ancêtre un salut plus hypocrite que sincère, il lui fallut s'entendre adresser toutes sortes de souhaits ironiques sur le désir qu'on avait de lui voir imiter Henri IV, « dans ses vertus et dans son amour pour le peuple [1]. »

Pour que la journée finît bien, et eût au moins quelques instants un air de franche émeute, la foule se jeta sur le corps de garde du terre-plein, le prit, et l'incendia.

Un mois après, il était rétabli, mais pour être brûlé de nouveau [2]. Cette fois ce fut pour

[1] Prud'homme, *Miroir histor. de Paris*, t. III, p. 289.
[2] Il se pourrait que Prud'homme, le seul qui ait parlé de ce premier incendie du corps de garde, l'ait confondu avec le second, qui alors serait le seul réel.

célébrer le retrait des édits, causes de la précédente émeute, que l'on fit ce feu de joie. Le 23 septembre, un nouvel édit avait supprimé les deux autres, et le 26 au soir la place Dauphine se trouva remplie d'une foule aussi inquiétante dans sa satisfaction qu'elle l'avait été dans son mécontentement.

La police, patiente à la première émeute, le fut moins pour celle-ci. Notre ami Wille, qui par mégarde s'était fourré dans la bagarre ; qui faillit y être tué sans savoir pourquoi, et que j'y crois voir « avec son air brusque, son petit œil ardent, effaré, » dont parle Diderot[1], va nous dire comment tout se passa.

Il revenait du Palais-Royal et s'en retournait chez lui, sur le quai des Augustins. « Arrivant sur le Pont-Neuf, dit-il[2], je vis un peuple immense et un tumulte affreux, entremêlé de soldats, donnant à droite et à gauche des coups de baïonnette, et dont je fus aussi enveloppé ; mais m'étant garanti heureusement, je m'avançai jusque vis-à-vis la statue de Henry IV, où de nouveau le danger devint encore plus grand pour moi...

[1] A propos de son portrait, *Salon* de 1765.
[2] *Mémoires et Journal*, t. II, p. 190.

« Je m'esquivai cependant avec une peine incroyable, en m'élançant dans l'intervalle de deux baraques d'orangères qui, bien que bouchées par d'autres personnes en aussi grand danger que moi, furent en ce moment critique mon salut. »

Le soir du lendemain, le peuple revint en force et reprit sa revanche. Wille n'y était plus, mais de ses fenêtres du quai, il voyait le mouvement et il peut continuer à nous le raconter : « Le peuple, dit-il[1], prit d'assaut plusieurs corps de garde, en désarmant ceux qui y étoient. Il mit le feu que nous vîmes de nos fenêtres, au corps de garde situé sur le Pont-Neuf, à côté de la statue de Henry IV, lequel fut entièrement réduit en cendres vers une heure du matin, mais lorsque je me levai, les restes en fumoient encore, et il n'existoit que la place de ce petit bâtiment. »

Le peuple n'était pas encore satisfait. Il venait de célébrer à sa manière le retrait des édits odieux, mais il lui restait à fêter la chute de Calonne, et à montrer à son successeur Brienne comment les ministres impopulaires sont traités, ne fût-ce qu'en effigie.

Il fit pour lui ce qu'il avait fait pour

[1] *Mémoires et Journal*, t. II, p. 191.

Maupeou en 1774, et il choisit le même théâtre, la place Dauphine. On vit alors ce que nous avons vu en 1848, lorsqu'au cri, dont vous vous rappelez le rhythme sinistre : *Des lampions! des lampions !* la ville illuminant son effroi, comme elle eût illuminé sa joie, était toute flamboyante de peur. Quiconque, sur la place, n'illuminait pas ses fenêtres, avait ses vitres cassées à coups de pierre. La police laissa faire. La revanche prise par le peuple, le soir et la nuit du 27 septembre, l'avait rendue prudente. « Les gardes françoises et suisses, disent les *Mémoires secrets*[1]*,* ne sont plus devenus que simples spectateurs. On ne les laissoit pas même entrer dans la place Dauphine, principal théâtre de cette canaille du Palais. Le chevalier Dubois, à la tête du guet, la surveilloit de plus près, mais sagement. Il ne cessoit de leur crier : « Mes en-
« fants, amusez-vous, mais ne faites de mal
« à personne. »

Le dernier soir, ces enfants terribles firent pis encore. C'était le 1er octobre, jour marqué pour l'exécution de Calonne en effigie. Tout ce qu'il y avait sur le Pont-Neuf et sur les quais voisins de petites baraques et

[1] T. XXXVI, p. 87.

d'éventaires fut pris, en un tour de main, et mis en pièces [1]. Avec les débris, posés en tas au milieu de la place Dauphine, on fit un énorme bûcher. Le feu y fut mis, et quand la flambée fut haute, on y jeta le mannequin du ministre, « au-devant et au dos duquel étoit écrit le nom du coupable [2]. » Tout se fit dans les formes. Les exécuteurs, qui étaient gens de la Basoche, s'y connaissaient de reste. D'abord on lut la sentence, puis quand elle eut été exécutée, comme il était prescrit, c'est-à-dire lorsqu'il ne resta plus rien du mannequin ministériel, on dressa pour le tout ample procès-verbal. Les méfaits de Calonne s'y trouvaient détaillés, et à la fin, on lisait : « Ledit sieur de Calonne a été convaincu de tous ces crimes et les a avoués par sa fuite. Il a été dénoncé au Parlement et jugé par la nation ; laquelle condamnation a été exécutée dans la place Dauphine, le 1er octobre 1787, à dix heures du soir, en présence de 4,000 citoyens, des régiments de gardes françoises et suisses et de la garde de Paris [3]. »

[1] *Mém. secrets*, t. XXXVI, p. 90. — Sallier, *Annales françaises*, p. 206.
[2] *Ibid.*, p. 91.
[3] *Ibid.*

Le rôle joué là par les gardes françaises et suisses était au moins étrange. La mention qu'on en faisait dans le grotesque procès-verbal prouvait que pour le Parlement et le peuple c'était un triomphe. L'année suivante, ils se vengèrent, eux et le guet, à la même place et dans une circonstance pareille. Le ministre, M. de Brienne, qui, par l'entremise de l'abbé de Vermont, créature de la reine, avait succédé à Calonne, venait de tomber à son tour, et de devancer par sa chute celle du pouvoir qu'il avait servi. Le peuple, qui semblait guetter cette nouvelle occasion de tumulte, s'attroupa sur la place Dauphine, le soir du 26 août, le lendemain même du jour où la disgrâce du cardinal-ministre avait été déclarée [1]. Un mannequin, vêtu d'une longue simarre rouge, était tout prêt. On procéda sans retard à son jugement, puis à son exécution, ce qui fut fait avec plus d'esprit qu'on n'en met d'ordinaire dans ces sortes de parodies. « Les trois cinquièmes de la robe du cardinal-mannequin étaient de satin, écrit Basseville [2], et le reste de *papier,* en dérision

---

[1] Noël, *Éphémérides,* vol. d'août, p. 215.

[2] Extraits de ses *Mémoires,* dans ceux de M. de La Rochefoucauld-Doudeauville, 1861, in-8°, t. II, p. 202.

de l'arrêt du 16 août, qui autorisait les différentes caisses à faire en *papier* les deux cinquièmes de leurs payements. On le jugea ensuite et il fut condamné au feu, apparemment comme coupable de l'avoir mis aux quatre coins du royaume. Un ecclésiastique qui passait fut arrêté. On lui donna le nom de l'abbé de Vermont, et il fut chargé de confesser son protégé. »

La cérémonie achevée, on jeta le mannequin au feu, et l'on se retira, mais en se donnant rendez-vous, à la même place, pour le lendemain.

La force armée s'y trouva la première, décidée à en finir et surtout à prendre sa revanche. Vingt-huit hommes du guet à cheval, ayant leur commandant en tête, et cinquante soldats du guet à pied, occupaient l'entrée de la place Dauphine, avec ordre de ne laisser pénétrer que les personnes qui y logeaient. La foule bientôt accourue se moqua de la défense et voulut forcer le passage; alors le commandant ordonna de faire feu et chargea lui-même avec ses hommes à cheval[1]. Un certain nombre de personnes furent

[1] *Ibid.*

tuées ou blessées, et la foule ne se rua qu'avec plus de fureur. Le guet alors lâcha pied peu à peu, et le peuple fut de nouveau maître du Pont-Neuf et de la place Dauphine. Il n'abusa pas de sa victoire; il se contenta de faire un grand feu avec les guérites brisées et les restes du corps de garde, qu'il avait encore une fois démoli [1]. Le lendemain, il ne s'en fût peut-être pas tenu là, mais des mesures furent prises contre une échauffourée plus grave. « Les gardes françaises et les gardes suisses marchèrent en bataille contre les mutins, dissipèrent tous les attroupements, et firent cesser le tumulte et le désordre qui duraient depuis trois jours [2]. »

Tout cela n'était qu'un prélude. Bientôt commencèrent, pour ne plus cesser, des scènes bien autrement sérieuses. Le Pont-Neuf et la place Dauphine n'en furent pas, comme ici, le théâtre exclusif, mais ils en reçurent toujours le contre-coup. Ainsi, le soir de la prise de la Bastille, un gros de gens armés se porta sur le terre-plein et s'empara du corps de garde qui depuis trois ans n'était recon-

---

[1] Saint-Fargeau, *les Quarante-huit Quartiers de Paris*, in-4°, p. 175.
[2] Noël, *Ephémérides*, vol. d'août, p. 216.

struit que pour être démoli[1] presque aussitôt; cette fois, il fut conservé. Le peuple sentait sa force; ayant la Bastille à jeter par terre, il ne s'amusait plus à ces frivoles destructions. On se contenta d'installer dans le petit bâtiment quelques-uns des nouveaux soldats de la populace, que la garde nationale du quartier dut relayer bientôt, et l'on passa outre. Peu de temps après, comme les événements se pressaient et comme il était bon que tout Paris les connût à leur prélude, par quelque signal retentissant, pour lequel le tocsin de Notre-Dame lui-même n'eût pas suffi, on posa sur le terre-plein quatre canons, toujours chargés, toujours prêts à parler de leur voix terrible, dès qu'on aurait une nouvelle à faire connaître au peuple, ou un cri d'appel à lui faire entendre[2]. On les appela les canons d'alarme, et avec raison, car les alarmes ne manquèrent point. Chaque fois que tonnèrent ces hérauts d'espèce nouvelle, il sembla qu'on entendait tomber une des pierres du trône de celui que peu de jours auparavant on déifiait cependant encore, et pour qui même, en ce mois de juillet

---

[1] Chalamel, *Hist.-Musée de la Révolut.*, t. Ier, p. 11.
[2] Weber, *Mémoires*, t. II, p. 12.

1789, qui vit les premiers coups portés, un architecte [1] avait projeté l'érection d'une statue équestre, en face de celle de son aïeul !

Paris avait des sursauts terribles, dès qu'il entendait les canons du Pont-Neuf. Tout le monde sortait aux portes, on s'interrogeait, on écoutait, et si les coups continuaient de retentir, on fermait les boutiques, les hommes s'armaient et partaient.

Ceux qui, comme Wille, étaient voisins, n'avaient qu'à mettre la tête à la fenêtre pour être bien vite au fait. Sitôt que ces terribles battements du pouls parisien avaient annoncé une fièvre plus forte, il ne lui fallait que regarder pour en deviner la cause et en savoir les suites. Si le canon d'alarme ne parlait pas, le tocsin de l'Hôtel de Ville ou bien celui de Notre-Dame, dont il était voisin, rompaient le silence, et ainsi l'honnête graveur était toujours instruit à temps. Pour peu qu'il eût été, ce qu'il n'était pas, un peureux, il n'eût pas manqué une seule occasion de trembler. Le 5 octobre, vers trois heures de l'après-midi, il se leva tout à coup de son

[1] Cet architecte est M. Gisors qui, le 3 juillet 1789, présenta à Louis XVI le plan du monument dont nous parlons.

ouvrage, ouvrit sa fenêtre et regarda. Le canon ne s'était pas fait entendre, mais le tocsin avait parlé. Cela suffisait, il devait y avoir du nouveau. Wille ne se trompait pas. Qu'était-ce? Il va vous le dire lui-même [1] : « Je vis des drapeaux, et une nombreuse soldatesque, devant la statue de Henry IV; les tambours battoient l'alarme. Curieux de savoir ce que cela dénotoit, je me rendis promptement vers le Pont-Neuf : en y arrivant, je vis arrêter par nos soldats bourgeois trois fiacres, à qui ils prirent leurs chevaux, et les attachèrent à deux des pièces d'artillerie qui se trouvoient derrière la statue, et à un chariot de munitions. Tout cela fut fait avec activité. On se mit en marche de la place Dauphine, qui étoit remplie de notre milice bourgeoise. Une partie marcha, avec ses drapeaux flottant, vers le quay de la Monnoie, l'autre vers la Samaritaine, où elle fit halte. Je savois déjà que toutes partoient pour Versailles. » En effet, on y allait chercher, pour qu'ils n'y retournassent plus, Louis XVI, la reine et le Dauphin, *le boulanger, la boulangère* et *le petit mitron*, comme disait tout ce

---

[1] *Mémoires et Journal*, t. II, p. 224.

peuple, persuadé que la disette de pain venait du roi, et que lorsqu'il le tiendrait, elle cesserait.

Wille, dont rien ne décourageait la curiosité, s'en alla, par une pluie battante, sur la terrasse des Tuileries pour voir le défilé de cette armée parisienne, où femmes et filles des marchés, ouvriers en vestes et en tabliers de cuir, armés de fourches, de couteaux, etc., se mêlaient dans les rangs des soldats en uniforme. Au retour, il passa par le Palais-Royal où péroraient les politiqueurs, puis, dit-il, « je revins au logis vers les huit heures, et ayant la tête pleine de réflexions[1]. » On en aurait eu à moins.

A quelque mois de là, quand durent avoir lieu les fêtes de la Fédération, il y eut sur le Pont-Neuf et dans ses environs de nouveaux mouvements de gens de toutes sortes, armés cette fois, non de piques et de sabres, mais de pelles et de pioches. C'est au Champ-de-Mars qu'on se rendait pour remuer fraternellement, pacifiquement la terre : « Je m'amuse, dit Wille sous la date du 8 juillet 1790[2], je

[1] *Mémoires et Journal*, t. II, p. 225.
[2] *Ibid.*, p. 255.

m'amuse les après-midy, à voir passer tant sur le Pont-Neuf, le quay des Orfévres, que devant, ma maison, les nombreux bataillons de citoyens et de citoyennes, qui se rendent, précédés de tambours, au Champ-de-Mars, pour y travailler gratis et de cœur, afin que tout soit fini pour le 14. Aujourd'huy même plus de quinze cents paysans des environs de Paris ont passé, conduits par leur ardeur, et marchant en ordre, selon le tact du tambour, devant ma porte, se rendant avec leur pelle sur l'épaule au Champ-de-Mars. »

Tout fut prêt en effet pour le 14, et notre graveur, qui lui-même était allé des premiers sur le terrain de la fête nationale, mais qui n'y pouvait retourner parce qu'en travaillant il s'y était blessé à la jambe, eut au moins la joie d'entendre du Pont-Neuf où il s'était traîné cahin-caha, le ronflement du canon, « qui annonçoit, dit-il [1], le moment du serment que prononçoit la nation d'être fidèle à la Constitution, aux lois et au roy. Le-roy juroit également à la nation de protéger la Constitution et les lois.... »

Ainsi, tout allait bien. On était d'accord,

---

[1] *Ibid.*, p. 257.

ou du moins on paraissait l'être. L'an d'après, tout a changé. Le 21 juin 1791, le roi est parti pour Varennes, « trois coups des plus gros canons placés derrière la statue équestre de Henry IV annoncèrent à tout Paris, dit Wille [1], cet événement déplorable, et le tocsin dans les églises se fit entendre. » On se remet un peu quand le roi et sa famille ont été ramenés aux Tuileries, comme des captifs, et, pour ainsi dire, pieds et poings liés. La fête de la Constitution qu'on célèbre quelques mois après dans tout Paris n'est même que plus brillante. On voit que cette solennité de fraternité nargue par son éclat la famille royale et ses derniers partisans. « Le jour de la cérémonie [2], dit notre ami Wille [3], j'allay sur les six heures du soir sur le Pont-Neuf y voir les travaux qu'on faisoit à la hâte au front des maisons de la place Dauphine, vis-à-vis la statue de Henry IV, pour une illumination très-étendue. J'y restay, jasant avec plusieurs particuliers, jusqu'à sept heures, moment déterminé pour faire tonner toute l'artillerie de Paris, consistant en deux

---

[1] *Mémoires et Journal*, t. II, p. 306.
[2] 18 septembre 1791.
[3] *Mémoires et Journal*, t. II, p. 317.

cents pièces de canon, à peu près. Celle derrière la statue de Henry IV fit son effet à merveille. De là, regardant autour de moi, je vis avec plaisir qu'on commençoit à illuminer partout. »

Cependant le temps marche et la Révolution monte. Aujourd'hui ce sont des chants de joie au Pont-Neuf; dans un an, le 22 juillet 1792, ce seront des cris de guerre ! La municipalité de Paris a fait solennellement déclarer : *La Patrie est en danger !* et sur toutes les places on dresse des amphithéâtres, avec larges tentes ornées de banderoles tricolores et de couronnes de chêne entrelacées [1], où viennent se faire les enrôlements volontaires.

A la place Dauphine, un de ces théâtres belliqueux est dressé [2], et tout en face, sur le terre-plein du pont, s'en trouve un autre que Prieur a dessiné au moment où les jeunes enrôlés affluent de toutes parts, escaladent les gradins, et se pressent en foule autour de la table posée sur deux tambours. Le tableau qu'a fait Prud'homme de ces enrôlements est en action sur cette gravure. On y voit qu'il

[1] Prud'homme, *Révol. de Paris*, t. XIII, p. 138.
[2] *Mémoires et Journal* de Wille, t. II, p. 353.

a eu raison de dire [1] : « Le magistrat du peuple, avec son écharpe, pouvoit à peine suffire à l'enregistrement des noms qui se pressoient sous sa plume. » De chaque côté de la tente dressée devant la statue de Henri IV, sont placés deux canons de vingt-quatre qui, de quart d'heure en quart d'heure, mêlent leurs détonations au bruit du tambour, dont l'éclatant appel à travers les rues de Paris lance, de minute en minute, de nouvelles recrues sur le Pont-Neuf [2]. « Les vieux racoleurs, dit Prud'homme [3], ne savoient que penser à la vue d'un spectacle aussi nouveau, aussi étrange pour eux. Les enrôlements du quai de la Ferraille n'y ressembloient guère. »

Sur ce quai l'on n'enrôle plus à ce moment, mais on chante les enrôlements, et on les joue en de petites pièces patriotiques. Un théâtre y a été dressé, comme en plusieurs autres endroits de Paris, afin de remplacer nos grandes scènes qui font relâche depuis trois jours. Pendant qu'on y représente, au

[1] *Révol. de Paris*, t. XIII, p. 138.
[2] Saint-Fargeau, *les Quarante-huit Quartiers de Paris*, in-4°, p. 375.
[3] *Révol. de Paris*, t. XIII, p. 139-140.

pas de course : *l'Enrôlement d'Arlequin, l'Enrôlement du Bûcheron, les Racoleurs* [1], un ménétrier fait tapage tout auprès, avec son crincrin. Les danses se forment autour de lui. On saute, on gambade, et notre homme, tout en raclant de son archet, chante à tue-tête la fameuse *Carmagnole* [2], ou bien la chanson en vogue :

> La patrie est en danger
> Affligez-vous, fillettes !
> — En avant la queue du chat !
> La patrie est en danger,
> Tous les garçons vont s'engager ;
> Ne croyez pas que l'étranger
> Vienne pour vous conter fleurette :
> Il vient pour vous égorger.
> — Le rond des dames !
> La patrie est en danger [3].

De toutes les chansons qui sont alors hurlées sur le quai de la Ferraille et sur le Pont-Neuf, c'est la plus folâtre. Ladré, qui se van-

---

[1] Ed. et J. de Goncourt, *Hist. de la Société franç. pendant la Révolution*, p. 214.

[2] Pour cette chanson, faite sur un air provençal très-ancien, *V*. Castil-Blaze, *Molière musicien*, t. II, p. 457.

[3] Ed. et J. de Goncourt, *Hist. de la Société franç. pendant la Révolution*, p. 214.

tait d'en avoir composé plus de quatre cents. en moins de cinq ans, de 1789 à 1794[1]; chante des refrains bien autrement sinistres. N'est-ce pas lui qui a fait sur l'air du *Carillon* de Bécourt, qu'aimait tant Marie-Antoinette[2], ce terrible *Ça ira*[3] qui sera l'un des glas de mort de la malheureuse reine ? N'est-ce pas lui encore qui entonnera bientôt la ronde des *Guillotinés. mettant leur tête à la trappe :*

> Vous vouliez être toujours grands,
> Traitant les sans-culottes
> De canailles et de brigands;
> Ils ont paré vos bottes
> Par le triomphe des vertus.
> Pour que vous ne nous trompiez plus,
> La justice vous sape.
> Ducs et comtes, marquis, barons,
> Pour trop soutenir les Bourbons
> Mettez votre tête à la trappe.

Toutes les chansons : celles de Déduit, celles de *Quatorze-Oignons* le *Cynique,* celles du violon Belle-Rose l'*Obscène,* seront bientôt sur le même ton. L'on n'entendra partout que gaudrioles sanglantes, où le détail plus que grivois viendra se mêler aux terribles

---

[1] Granier de Cassagnac, *Hist. des Girondins et des Massacres de septembre*, E. Dentu, 1860, in-8° t. Ier, p. 374-375, *Lettre inédite de Ladré.*

[2] C. Blaze, *Molière musicien*, t. II, p. 404, 450.

[3] G. de Cassagnac, *loc. citát.*

mots de mort et de guillotine. Il n'est pas de chanteur qui n'ait alors permission d'être à la fois obscène et sinistre. Il a sa cocarde au bonnet, sa médaille de montagnard, son certificat de *civisme épuré* : il peut jeter au vent tous les refrains qu'il fait, et il en use. Il vous chantera par exemple *la Guillotine d'amour,* ou bien, sur le fameux air des *Dettes de Champcin,* des couplets tels que celui-ci :

> L'Amour est père du désir,
> L'Hymen est celui du plaisir,
>   C'est un dieu patriote.
> L'Amour est souvent inconstant,
> Mais l'Hymen est toujours charmant,
>   C'est un vrai sans-culotte.

Écoutez encore, voici l'interminable *Pot-Pourri de la Guillotine,* où rien ne manque pour la glorification de l'instrument coupe-tête ; c'est plaisir d'entendre le pauvre Guillotin y parodier lui-même sur des airs connus son discours du 1er décembre 1789 à l'Assemblée nationale, et nous vanter entre autres choses la prestesse élégante et sans douleur du joli genre de mort qu'il a inventé :

> C'est un coup que l'on reçoit
>   Avant que l'on s'en doute,
> A peine on s'en aperçoit
>   Car on n'y voit goutte.

> Un certain ressort caché
> Tout à coup étant lâché,
> Fait tomber, ber, ber,
> Fait sauter, ter, ter,
> Fait tomber,
> Fait sauter,
> Fait voler la tête,
> C'est bien plus honnête!

La contre-révolution a ses chansons aussi et ses chanteurs. Ange Pitou, qui ne paraîtra guère qu'après thermidor, et qu'on appellera *Pitou l'Auxerrois*[1], parce qu'il tiendra ses assises coupletières entre le Louvre et la vieille église Saint-Germain-l'Auxerrois, sera le plus hardi de ces chantres de la réaction, et partant le plus couru. On l'entendra des Tuileries jusqu'au Pont-Neuf, où brille de son côté la muse sans-culotte. Il ne se fera faute ni du mot téméraire, ni du geste insolent. Chaque fois qu'il devra parler de la République, que les autres ne nomment qu'en se découvrant, il portera lui la main... à l'antipode de son chapeau[2]. Puis il dira leur fait aux pillards républicains et aux délateurs, en quelques âcres couplets tels que celui-ci :

> On pille, on vole, on assassine
> Boutiquiers, financiers, bourgeois.

---

[1] *Le Danger des extrêmes*, in-12, an VIII, p. 10.
[2] Mercier, *Nouv. Paris*, 2ᵉ édit., t. II, p. 71-72.

Pour autoriser la rapine,
Des brigands avaient fait des lois.
Quand la soif de l'or me tourmente,
J'ai des voisins à dénoncer.
Ils ont cent mille écus de rente,
Donc, il faut les guillotiner [1] !

Avant Pitou, ce conflit de couplets, où le dernier cri du royalisme entre en lutte avec les hurlements révolutionnaires et les *sans-culottides*, aura commencé par les courageuses romances du *Troubadour béarnais* et de *Pauvre Jacques* : l'une qui, pendant quelques mois, fit concurrence au terrible *Ça ira* de Ladré [2]; l'autre qui, en même temps que la *Complainte de Louis XVI*, chantée sur le même air [3], fut, au grand regret de Prud'homme et de ses pareils [4], sur le point de faire oublier « l'hymne des Marseillais. »

Celui-ci, que nous appellerons de son vrai nom, la *Marseillaise*, n'est pas né au Pont-Neuf, mais c'est au Pont-Neuf qu'il a fait sa

---

[1] *Tableau de Paris en vaudevilles*, par l'auteur de *la Queue en vaudevilles*, cité par MM. Ed. et J. de Goncourt, *Hist. de la Société franç. pendant le Directoire*, p. 401-402.

[2] *Mémoires* de Weber, t. II, p. 13.

[3] *V.* Sur l'histoire de cette complainte, un article de M. Escande dans *la Mode*, 2 mai 1861, p. 205-214.

[4] Prud'homme, *Révol. de Paris*, t. XV, p. 52.

première halte dans Paris, le 30 juillet 1792, avec les terribles bandes arrivées ce jour-là du Midi, tambour battant, et dont le drapeau déployé porte, au milieu des emblèmes de la Révolution et de la guerre, ces mots : *Marseille, la liberté ou la mort*[1].

La venue de ces Marseillais, qui seront un si puissant renfort pour les hommes de la Terreur, nous annonce que la journée du 10 août n'est pas loin.

C'est au Pont-Neuf qu'elle commence, par le signal que donne, en pleine nuit, à une heure moins un quart, le canon d'alarme du terre-plein[2]. Le tocsin lui répond aussitôt ; à peine a-t-il parlé que les cloches des faubourgs se mettent à tinter, et la ville, à leur accent lugubre, se remplit de rumeur et d'épouvante.

Depuis quelques jours on s'attendait à un coup de main des sections faubouriennes contre les Tuileries. Afin d'empêcher au moins que la jonction de leurs bandes, ve-

[1] V. dans le *Journal* de Wille, qui les vit arriver au Pont-Neuf, de curieux détails sur leur tenue inquiétante, t. II, p. 351.

[2] Granier de Cassagnac, *Hist. des Girondins et des Massacres de septembre*, t. Ier, p. 471.

nues les unes du faubourg Saint-Marceau, les autres du faubourg Saint-Antoine, eût lieu sur le Pont-Neuf, leur rendez-vous ordinaire [1], le commandant général de la garde nationale, marquis de Mandat, avait fait placer sur ce point une batterie de canons, mèches allumées. Le passage, ainsi fermé, devenait difficile à forcer, et l'entreprise, dont le succès dépendait de la réunion des compagnies populaires, menaçait de manquer. A la Commune, où le coup avait été sourdement monté, l'on craignit fort ce qui pouvait résulter d'une résistance au Pont-Neuf et de l'hésitation des bandes, se voyant ainsi brusquement arrêtées. Manuel, procureur-syndic, prit sur lui d'y pourvoir. A trois heures du matin il fit enlever les canons, et le passage se trouva libre [2].

La mesure, Manuel le savait bien, était des plus funestes à la cause du roi, dont le dernier asile put, dès lors, être cerné sans obstacle par la multitude armée. Le *bataillon de Henri IV*, posté sur le Pont-Neuf, aurait pu s'opposer à l'enlèvement des canons et rendre

---

[1] G. Duval, *Épisodes révolutionnaires*, ch. IV.
[2] Rœderer, *Chronique de Cinquante jours*, p. 354.— Vaublanc, *Mémoires*, p. 221.

ainsi un éminent service à une cause qui avait, secrètement au moins, toutes ses sympathies; il ne le tenta même pas.

C'était un effort au-dessus de l'énergie des hommes qui le composaient, et qui tous étaient peureux par état. L'argent est poltron sous toutes ses formes : qu'il soit monnaie ou ciboire, écu de six livres ou vaisselle plate, il a peur. Or, les gardes nationaux du bataillon de Henri IV, recruté en entier sur la place Dauphine et le quai des Orfévres, faisaient tous, ou peu s'en faut, métier du travail et du commerce de l'argent. C'étaient des orfévres, des argentiers, des bijoutiers, à qui les métaux précieux qu'ils *ouvraient* avaient communiqué leur poltronnerie. Il faut convenir qu'à cette époque, où tout ce qui rappelait la richesse était l'objet des menaces de la plus effrayante convoitise, la peur des gardes nationaux du quai des Orfévres était un sentiment bien naturel. A tout instant, on pouvait venir les voler en bloc, et maintes fois même des symptômes de pillage en règle s'étaient déclarés contre eux. Dès les premiers jours de la Révolution, un certain Le Tellier avait fait paraître une brochure, *le Triomphe des Parisiens*, où quiconque travaillait pour le luxe, les orfèvres surtout et les bijoutiers, avait été dénoncé aux pillards[1]. Plus récemment, après *la déclaration de la patrie en danger*, un mauvais plaisant qui croyait être dans le secret des idées populaires, mais qui n'était réellement initié qu'aux terreurs chimériques des pauvres ouvriers en argent du *bataillon de Henri IV*, s'était permis de publier certaine parodie sinistre qui dut faire courir d'étranges frissons tout aux alentours du Pont-Neuf. Elle portait ce titre terrible et dénonciateur : *la Déclaration du Quai des Orfèvres en danger*.[2]

Il n'y eut dans tout cela que le mal de la peur. Prud'homme, en effet, a dit avec raison, et tout à l'honneur de la probité du peuple : « Une chose digne de remarque dans notre Révolution, c'est que, dans toutes les époques où des malveillants ont porté la multitude à piller les boutiques, jamais les magasins des orfèvres n'ont été exposés au pillage[3]. » Le peuple, qui pillait les boulan-

[1] Camille Desmoulins, *Discours de la Lanterne, aux Parisiens*, 3e édit. p. 35.

[2] Peltier, *Hist. de la Révol. du 10 août*, t. Ier, p. 123.

[3] *Miroir histor. de Paris*, t. III, p. 247. — M. P. Lacroix fait remarquer que de tout temps les vols dans

gers et les armuriers, ne voulait que du pain et des armes ; mais à la façon dont il s'y prenait, on pouvait croire qu'il voulait autre chose encore, et c'est ce qui faisait la terreur des orfévres. Cette terreur qui, Dieu merci ! ne fut que pour rire, était une expiation. Ces bonnes gens, qui tremblent si bien au 10 août, avaient poussé des premiers à la Révolution qui les fait trembler. Vous vous souvenez des exécutions burlesques de la place Dauphine, en 1788 ; eh bien ! non-seulement ils les avaient laissé faire sur leur terrain, non-seulement ils y avaient applaudi, mais ils y avaient pris part.

Où était devenu le temps, où l'on n'aimait que les arts et la chanson à la place Dauphine, où quelque riche joaillier, digne voisin des chanteurs du Pont-Neuf, se faisait l'amphitryon de Panard et de Gallet[1] ?

C'était un bijoutier de la place Dauphine, nommé Raphaël Carlé, qui, le 26 août 1788, s'était mis à la tête « de la canaille du Palais[2], » et qui avait présidé au grotesque ju-

---

les boutiques des orfévres du quai furent très-rares. (*Curios. de l'Hist. des arts*, p. 337.)

[1] Marmontel, *Mémoires*, 1857, in-18, p. 221.
[2] *Mém. secrets*, t. XXXVI, p. 87.

gement et au plus grotesque auto-da-fé du cardinal-ministre, M. de Brienne [1]. Cette exécution si bien jouée fut, pour le bijoutier Carle, une recommandation révolutionnaire d'un grand poids. Il fut nommé électeur du quartier, pour les élections de l'Assemblée constituante, et, se trouvant ainsi un personnage patriotique, il crut devoir donner, après la prise de la Bastille, un splendide repas de réjouissance à tous ses voisins et amis. C'est au Palais, dans la grand'salle, que le banquet eut lieu. On y vit tant de convives, et il fut si splendidement servi, que des bruits peu favorables pour Carle en coururent dans le quartier. On prétendit qu'il n'était pas assez riche pour faire une telle dépense et que, par conséquent, il était soudoyé [2]. Carle laissa dire, se posa comme candidat au grade de *commandant du bataillon de Henri IV*, quand on se mit à organiser la garde nationale, et fut nommé [3]. Il commença, comme c'est l'ordinaire, par des excès de zèle, et sut y entraîner toute sa section. Quand ce fut une mode de porter à la Monnaie la plus grande partie

---

[1] *Biographie moderne*, 1815, in-8°, t. Ier, p. 357.
[2] *Ibid.*
[3] *Ibid.*

de ce qu'on pouvait avoir d'argenterie, Carle sut persuader à ses voisins les orfévres, que c'était à eux de donner l'exemple; et en effet, le bureau de la corporation ayant délibéré, le 20 septembre 1789 [1], il fut décidé que *les dames et demoiselles du corps de l'orfévrerie de Paris* porteraient à la Monnaie tout ce dont elles pourraient disposer comme bijoux et comme argent. Elles méritèrent ainsi de figurer les premières sur le *Registre de dons patriotiques* [2].

L'année d'après, comme la bienfaisance était à l'ordre du jour, et qu'on ne parlait plus que de secours à donner aux pauvres, Carle, en digne représentant de l'opulente industrie du *Quai riche,* ainsi qu'on appelait toujours le *quai des Orfévres,* se mit encore en avant pour une grande démonstration charitable. Le 14 juin 1790, le lendemain même du jour où le décret sur la mendicité avait été promulgué, il se rendit avec tous les gardes nationaux du *bataillon de Henri IV,* dans le village de Vaugirard, où la population était le plus misérable, fit préparer un banquet

---

[1] *Almanach des célèbres Françoises*, 1789, in-12, p. 241.
[2] *Ibid.*

immense, et y invita deux cents pauvres[1].

Ces banquets populaires que donnaient les orfévres, et où il y avait, de la part des amphitryons, plus de poltronnerie que de cordialité, ne manquaient pas, comme précaution, d'une certaine adresse. Les industriels du *Quai riche* les renouvelèrent plus d'une fois, malgré les invectives de Barrère qui s'écria un jour[2] à la tribune de la Convention : « Les banquets civiques sont un présent de l'aristocratie, et ses présents sont empoisonnés[3]. » Après thermidor, les orfévres donnèrent encore, mais cette fois en plein air, sur leur quai même, un dernier festin patriotique[4], et ils firent bien. S'ils ne furent jamais pillés, ni même menacés de pillage, ils le durent peut-être à ces banquets, où le veau froid, le saucisson à l'ail et la piquette leur conciliaient l'amitié du petit peuple, tout en calmant les fureurs de son appétit.

Carle n'était plus là, quand fut donné ce dernier banquet de thermidor. Il avait depuis

---

[1] Rabaut Saint-Étienne, *Précis de l'hist. de la Révol. franç.*, 1820, in-12, p. 217.

[2] 24 messidor an II.

[3] *Décade philosoph.*, t. II, p. 56.

[4] G. Duval, *Souvenirs thermidor.*, t. Ier, p. 65.

longtemps payé de sa tête la dîme sanglante que tout révolutionnaire devait à la Révolution. Nous l'avons vu brûlant de la plus belle ardeur de popularité, ne négligeant rien pour plaire au peuple. Il a jeté au feu des mannequins impopulaires, il a fait splendidement dîner la populace, il l'a entraînée à Versailles, à la suite de son bataillon, ou plutôt il s'y est laissé entraîner par elle; quand on a déclaré la *patrie en danger*, il a offert à l'Assemblée de fournir cinquante hommes à sa solde[1]; enfin, il s'est fait le courtisan de la Révolution et son serviteur. Un jour, on lui a dit que l'inscription latine placée sur la grille de la statue de Henri IV, et toute à la louange de Richelieu qui l'y avait fait mettre, commence à causer des murmures dans le peuple, pour qui certain cuistre mécontent, en a fait, en passant, une traduction malveillante. On menace de venir la briser. Carle n'hésite pas, il la fait aussitôt enlever[2].

Il était, comme vous voyez, aux petits soins pour la foule; mais bientôt cette pente

---

[1] Séance du 26 décembre 1791, *Réimpression du Moniteur*, t. X, p. 731.

[2] *Biographie moderne*, t. Ier, p. 357.—*Réimpress. du Moniteur*, t. VII, p. 682.

lui sembla périlleuse, il s'y arrêta ou du moins tenta de s'y arrêter. Il suivit, en cela, un instinct qui devait tout naturellement s'éveiller tôt ou tard chez les gens de son quartier.

Quand les églises avaient commencé à se fermer et les prêtres à fuir; quand la cour s'était peu à peu dépeuplée par l'émigration, les marchands de la place Dauphine et du *quai des Orfévres,* pour lesquels il n'y avait plus d'industrie et de commerce sans la pompe ecclésiastique, sans le luxe royal, et qui vivaient, on peut le dire, du trône et de l'autel, se mirent à réfléchir sérieusement. Chez tous, commé chez Carle, l'orfévre ou le bijoutier se retrouva sous le révolutionnaire. Il leur sembla qu'on était allé assez loin, trop loin même, et qu'il fallait non-seulement s'arrêter, mais revenir en arrière.

Ils en étaient là, quand arriva le 10 août. S'opposer au passage des bandes populaires, en laissant braquées sur le Pont-Neuf les pièces de canon que le marquis de Mandat y avait fait placer, c'était bien hardi, bien imprudent, car des représailles pouvaient suivre, dont le pillage des boutiques du quai et de la place Dauphine serait le résultat immanquable. Ils ne le tentèrent donc point, je vous l'ai dit. Une seule chose était possible, c'était de se rallier, sans être trop en vue, aux défenseurs des Tuileries, et de contribuer de tous ses efforts à la dernière résistance du roi, s'il voulait résister. Carle, avec son bataillon, se rendit donc aux Tuileries, que le peuple allait investir, et prit avec le marquis de Mandat toutes les dispositions nécessaires pour une défense désespérée[1].

La Commune avait l'œil sur lui. Depuis longtemps déjà, il était suspect. Quoi qu'il eût fait pour la cause populaire, il était depuis plus d'un an dénoncé au peuple. Le 26 janvier 1791, le terrible Maillard, cet ancien huissier, ce vétéran de la Basoche, qu'on ne devait plus revoir qu'au prétoire sanglant des massacres de septembre, avait porté contre Carle une accusation de froideur et d'incivisme, devant le club des Jacobins, et je ne sais ce qui fût arrivé si une députation de son bataillon n'était venue le défendre[2].

Le maire de Paris, Péthion, qui eut la main si avant dans cette affaire du 10 août, en voulait aussi à Carle. Celui-ci, je vous l'ai dit, avait sa boutique à la place Dauphine.

[1] *Biographie moderne*, t. Ier, p. 357.
[2] *Réimpress. du Moniteur*, t. VII, p. 306.

Péthion habitait rue de Jérusalem, car la Mairie de Paris siégeait alors où nous voyons encore la Préfecture de police [1]. Carle et Péthion étaient donc voisins très-proches, mais d'autant moins d'accord. Ils pouvaient se surveiller de trop près ! Celui-ci se défiait de celui-là; celui-là avait peur de celui-ci. Peu de jours avant que le complot éclatât, Carle, qui en avait surpris tous les fils, par les continuelles allées et venues des Jacobins chez le maire, et par tout ce que les dénonciations du voisinage lui avaient rapporté, ne craignit pas de venir au nom de sa section protester hautement devant l'Assemblée contre une adresse de Péthion, qu'avait rédigée Chénier [2], et dans laquelle le cri de déchéance était effrontément poussé contre Louis XVI [3]. C'était aussi imprudent que brave. La protestation fut faite le 5, le complot éclata le 10. Péthion aurait pu se souvenir plus longtemps !

Bonne note avait été prise de la démarche de Carle. Il n'en fallait pas davantage pour

---

[1] Granier de Cassagnac, *Hist. des Girondins et des Massacres de septembre,* t. II, p. 72.

[2] *Procès-verbaux de l'Assemblée législative,* t. XI, p. 413-414, 474.

[3] Peltier, *Hist. de la Révolut. du 10 août,* t. Ier, p. 35.

qu'il fût marqué à tuer. A peine avait-il, de concert avec M. de Mandat, commencé le plan de défense des Tuileries, que la Commune leur envoya l'ordre de se rendre immédiatement à sa barre. Ils furent assez imprudents pour obéir l'un et l'autre. Quelques heures après ils étaient massacrés[1]. On ne laissa pas à Carle le temps de s'expliquer. Il suffit qu'on l'accusât d'avoir pensé à la résistance et d'avoir donné l'ordre de tirer si les Tuileries étaient attaquées par le peuple. Rien que pour cette intention, rien que pour cet ordre, le peuple ne devait pas l'épargner. Il lui fut donc livré. Deux gendarmes qui l'accompagnaient, et sur lesquels il croyait pouvoir compter pour sa défense, lui portèrent les premiers coups[2]. Il tomba, mais il n'était pas mort. Le maçon Palloc[3] s'en aperçut. Il avait été l'ami de

---

[1] *Réimpress. du Moniteur*, t. XIII, p. 384.

[2] *Biog. moderne*, t. II, p. 357.

[3] Dans la *Biogr. portat. des Contemporains*, de Rabbe, t. Ier, p. 759, où l'article de la *Biographie moderne* est reproduit avec tous ces détails, on lit *Palloi* au lieu de *Palloc*. L'assassin de Carle aurait donc été Palloi, ce fameux maçon qui avait eu l'entreprise de la démolition de la Bastille, et que nous retrouverons tout à l'heure quand on renversera les statues royales.

Carle, il pouvait être son sauveur. Ce fut lui qui l'acheva. La tête du malheureux commandant fut coupée, mise au bout d'une pique, et une bande de sans-culottes vint la promener sur le Pont-Neuf et sur la place Dauphine.

Cela se passait le 10 août, pendant que le peuple s'emparait des Tuileries, abandonnées par le roi, et massacrait les gardes suisses.

Le lendemain de ce jour, qui venait de voir tomber la royauté, parut un décret qui ne lui permettait même plus de se survivre en effigie, et en vertu duquel le Pont-Neuf allait être dépossédé de son ornement le plus populaire. « Toutes les statues, disait ce décret [1], tous les bas-reliefs, inscriptions et autres en bronze ou toute autre matière, élevés dans les places publiques, temples, jardins, parcs, dépendances, maisons nationales, même dans celles qui étaient réservées à la jouissance du roi, seront enlevés à la diligence des représentants des communes qui veilleront à leur conservation provisoire.

« Les représentants de la ville de Paris

---

[1] *Procès-verbaux de l'Assemblée nationale*, t. XII, p. 212.

feront, sans délai, convertir en bouches à feu les objets énoncés à l'article précédent existant dans l'enceinte des murs de Paris[1]. »

Ce décret de vandale avait été arraché à l'Assemblée par une députation de la populace, qui n'attendit même pas qu'il fût entièrement formulé pour aller le mettre à exécution. Le 11 août, sur le soir[2], toutes les statues étaient par terre : celles de Louis XIV à la place Vendôme et à la place des Victoires[3], celle de Louis XIII, à la place Royale, celle de Louis XV à la place Louis XV. Le 12, au matin, il ne restait plus debout que celle d'Henri IV. Pour celle-là on hésitait[4] ; c'était l'idole populaire, et le peuple, même dans son accès de fièvre furieuse contre les rois, pouvait ne pas vouloir qu'on la renversât. Le

---

[1] Le maçon Palloi, dont nous venons de parler, fut chargé de veiller à la démolition. (Prud'homme, *Révolut. de Paris*, n° 162, p. 309.)

[2] *Journal* de Wille, t. II, p. 354.

[3] V. nos *Énigmes des rues de Paris*, p. 144. — La statue équestre de Louis XIV ne fut vendue en détail à l'encan qu'au mois de thermidor an V, à l'hôtel de Mailly, au coin de la rue de Beaune et du quai.

[4] Mercier, *Nouv. Paris*, t. II, p. 90.— V. aussi le compte rendu de la séance permanente du 10 août à l'Assemblée, *Moniteur* de 1792, n° 226, p. 146.

décret cependant était formel et n'admettait pas d'exception. C'était une sentence exécutoire contre toutes les statues royales; il fallait donc l'exécuter, même sur celle d'Henri IV. On finit par se décider, mais d'abord, afin de s'assurer de l'esprit de la populace en la rendant hostile au Béarnais; afin de la bien disposer pour le spectacle de sa chute, on fit courir contre lui toutes sortes de commérages de l'autre siècle. On alla jusqu'à faire dire, après avoir conté je ne sais quels scandaleux mensonges, que son assassin avait eu raison de le poignarder[1]! Puisque Ravaillac n'avait pas été coupable en tuant l'homme, le peuple aurait-il tort de jeter bas la statue?

D'ailleurs, et ce fut là le grand argument : « Henri IV n'avait pas été un roi constitutionnel[2]! »

Comment résister à une si belle raison? Le peuple ne s'opposa donc plus à ce qu'on voulait faire et même il y mit les mains. Le 12 août, vers le soir, c'était fini. Tout ce que le roi populaire avait pu obtenir pour sa statue, lorsque les autres étaient renversées, s'était borné à un répit de vingt-quatre

[1] Mercier, *Nouveau Paris*, t. II, p. 90.
[2] *Moniteur* de 1792, p. 262.

heures ! Wille, avant de se coucher, le soir du 12 août, put écrire dans son *Journal*[1] : « Je vis de ma fenêtre la chute de la statue à cheval de Henry IV. Il s'éleva une poussière aussi considérable qu'un coup de canon. » Poussière ou fumée, c'était bien l'image de la popularité qui s'envolait.

Quand l'homme de bronze et son cheval furent par terre, on les dépeça comme des cadavres[2].

Un ancien, Dion Chrysostôme, je crois, a dit des Athéniens « qu'ils donnaient des statues de la même manière qu'on achète des jouets aux enfants, sachant bien que tôt ou tard elles seraient brisées. » Les enfants terribles de la moderne Athènes justifiaient au Pont-Neuf cette parole si vraie déjà pour les autres Athéniens. Depuis trop longtemps le Cheval de Bronze et son cavalier étaient debout. C'était un joujou trop durable. Il fallait voir, comme on dit, ce qu'il avait dans le ventre. La surprise fut grande de n'y rien trouver. « La foule, dit quelqu'un qui a de cette époque un souvenir

[1] T. II, p. 356.
[2] Les quatre captifs de bronze du piédestal furent épargnés. Ils sont aujourd'hui au Louvre, dans la troisième salle du musée d'Angoulême.

d'enfant, c'est-à-dire lucide et sûr [1], la foule, dans un étonnement stupide, remarquait que le bronze avait à peine l'épaisseur d'un écu de six livres [2].

« Dans l'image détruite croyait-on trouver des trésors? Les vraies richesses du Béarnais étaient sa gaieté, sa franchise, sa valeur, sa bonté, qui cadraient mal avec les passions révolutionnaires du moment. »

A force de bien fouiller le corps de l'homme et celui du cheval, on finit pourtant par trouver dans le ventre de la bête un cylindre de plomb, et dans ce cylindre un parchemin moisi [3]. Quelqu'un qui sut le lire vit que c'était le procès-verbal de la cérémonie d'inauguration faite le 23 août

---

[1] M. Fr. Barrière, *Débats*, 16 fév. 1861.

[2] On fit plus tard une autre remarque, d'après l'analyse du bronze de l'un des bras de la statue, et de l'une des jambes du cheval, conservées encore aujourd'hui au Louvre, c'est que dans l'un et l'autre le métal était parfaitement identique. Le cavalier avait donc été fondu à Florence, comme le cheval; et le Français Dupré n'y était pour rien. (Lafolie, *Mém. hist. relat. à la fonte de la statue équestre de Henri IV*, 1819, in-8°, p. 78.)

[3] Castellan, *Moniteur* du 6 mai 1814.—Lafolie, *Mém. histor.* p. 80.

1614¹. Il le remit au président de la députation de *la section d'Henri IV,* chargé de rendre compte de tous ces faits, et celui-ci le déposa sur le bureau de l'Assemblée².

Dieu était alors proscrit comme les rois. Après avoir jeté bas le Henri IV du Pont-Neuf, on ne devait pas respecter le Christ de la Samaritaine. La sainte image dorée fut donc enlevée de la façade ainsi que celle de la biblique commère avec laquelle, depuis tant d'années, elle était en conversation³. On ne laissa que la vasque, dorée aussi, qui figurait le puits de Jacob et sur les bords de laquelle ils s'accoudaient. L'eau que faisait monter la pompe aspirante inventée par Joly⁴, conti-

---

¹ Castellan, *Moniteur* du 6 mai 1814.— Lafolie, *Mém. histor.* p. 80.

² *Moniteur* de 1792, p. 262, Séance du 14 août. — Letronne a reproduit le rapport du président de la *section de Henri IV*, dans son ouvrage : *Explication d'une inscription grecque*, 1843, in-4°, p. 46.—Un autre procès-verbal de l'inauguration fut trouvé sous un des pieds du cheval. C'est celui-là qui a été reproduit par Lafolie. V. ses *Mém. histor.*, p. 103 et 263-264.

³ *Le nouveau Pariseum*, 1811, in-12, p. 138.—Pissot, *les Adieux de la Samaritaine aux bons Parisiens.*

⁴ Nous n'avons trouvé ce nom que dans les quelques lignes de texte mises au bas d'une gravure

nua d'y tomber en cascades, pour aller de là, « conduite par des tuyaux, jusqu'au château et jardin des Tuileries, dont elle faisait jouer les jets du parterre [1]. »

Le carillon, qui n'avait pas été changé depuis que Drouard et Ninville en avaient refondu les clochettes [2], vers le milieu du siècle de Louis XIV [3], cessa de se faire entendre.

La sonnerie aux clairs refrains demeura immobile et muette dans son campanile au-dessus du toit qu'on laissait peu à peu s'effondrer [4]. Quant à la petite girouette qui surmontait ce campanile, et dans laquelle on

d'Aveline, vendue chez *J. Mariette*, représentant *la Pompe de la Samaritaine*. — C'est cette pompe dont Vaucanson enfant reproduisit le mécanisme sans l'avoir vu, comme Pascal, sans les connaître, retrouva les calculs d'Euclide.

[1] *Ibid.*
[2] *V.* plus haut, p. 163, 332.
[3] Sur la gravure d'Aveline, il est dit que ce carillon avait été refait en 1684, date que nous n'avons trouvée que là, et qui doit être la vraie.—Il était à clavier. Le carillon hydraulique établi par Lintlaër (*V.* p. 163) fut supprimé quand on monta celui-ci. (*V.* Ad. de La Fage, articles sur *les Carillons* dans la *Revue et Gazette music.*, 1856, p. 408.)
[4] Pissot, *les Adieux de la Samaritaine aux bons Parisiens*, in-12, p. 12.

avait spirituellement découpé l'image de la mobile Renommée, elle avait disparu depuis longtemps déjà, avec le cadran « anémonique, » où ses mouvements marquaient les variations du vent [1].

Lorsque les cloches furent à leur tour frappées de proscription, la sonnerie de la Samaritaine fut menacée comme les autres. On voulut l'envoyer soit à l'Arsenal, soit à la Monnaie pour la jeter dans le moule aux canons ou dans le creuset aux gros sous. Elle y eût pesé si peu qu'on n'en prit pas la peine. Du danger qu'elle avait couru ainsi il ne resta qu'un souvenir, la brochure rarissime [2], où l'on supposait que le sonneur du petit château avait réclamé devant l'Assemblée pour

---

[1] Dans le texte de la gravure d'Aveline, il est parlé de ce cadran anémonique « qui par le moyen d'une Renommée tournante au gré du vent, se hausse quand l'air est pesant, se baisse quand il est léger, et marque le vent. »

[2] Nous ne l'avons trouvée indiquée que dans le *Catalogue La Jarrie*, 2ᵉ partie; Paris, P. Jannet, 1854, in-8°, p. 122.—En 1790 déjà, le carillon n'allait plus, on avait renvoyé le carillonneur avec une partie du personnel, qui, à la Samaritaine, ne s'élevait pas à moins de douze personnes. (*Le Nouv. Tableau de Paris,* 1790, in-8°, p. 140.)

lui et tous ses confrères. En voici le titre : *Harangue prononcée à la barre de l'Assemblée nationale par le carillonneur de la Samaritaine, député des habitants des tours et clochers du royaume.*

Je n'ai pas besoin de dire que gouvernement et gouverneur furent supprimés à la Samaritaine. Ils disparurent des premiers dans le naufrage des sinécures. La Ville, dont ce petit château devint la propriété[1], n'y voulut plus entretenir à ses frais que l'employé chargé de la pompe[2]. Quel fut le gouverneur qui vit ainsi glisser pour jamais de ses mains l'aquatique gouvernement? C'est Cuvillier, notre ancienne connaissance. Il vivait encore en 1792[3], quand sa burlesque mais lucrative dignité lui fut définitivement arrachée. Rulhière, son successeur désigné, avait été plus heureux. Le 30 janvier 1791, il était mort en rêvant peut-être à sa survivance[4].

---

[1] Ad. de La Fage, *les Carillons* (Rev. et Gaz. music. p. 408).

[2] Pissot, *les Adieux de la Samaritaine*, p. 10.

[3] V. l'*Almanach royal* de 1792, art. des *Bâtiments du Roi*.

[4] Ainsi, Girault de Saint-Fargeau, dans *les Qua-*

Le bâtiment, qui tombait à moitié en ruine, faillit aussi être jeté par terre[1]. On trouvait plus commode de le démolir que de le réparer. L'utilité qu'on en tira, lorsqu'un corps de garde, si nécessaire à la sûreté du pont, y eût été placé[2], fut ce qui le sauva. Ce corps de garde n'occupait que le rez-de-chaussée, et le premier restait vacant. On le donna comme logement gratuit à quelque artiste pour qui l'on n'avait pu trouver de place au Palais-Royal, à la Sorbonne ou aux Quatre-Nations[3]. Crépin qui, en sa qualité de

---

rante-huit quartiers de Paris, in-4º, p. 175, a eu tort de dire que Rulhière avant la Révolution était gouverneur de la Samaritaine ; et M. Amédée de Bast n'a fait qu'un roman, lorsqu'il nous a donné, comme histoire, les souvenirs de Rulhière au petit château du Pont-Neuf, dans ses articles du *Droit* des 4 et 8 février 1860, sous ce titre : *le Dernier gouverneur de la Samaritaine.*

[1] *Réimpression du Moniteur,* t. IX, p. 358.

[2] *Nouvelle vision de Babouc, ou la Perse comme elle va,* an V, in-12. — Avant la Révolution, on y avait mis déjà un poste de gardes françaises, celui du terre-plein ne suffisant pas toujours pour la sûreté du pont. (*Le Nouv. Tableau de Paris*, 1790, in-8º, p. 140.)

[3] On peut voir dans le *Pariseum* de Blanvillain, 1803, in-12, p. 148-162, que la plupart des artistes

peintre de marine, avait droit plus qu'aucun à ce logement aquatique et à ses perspectives en pleine eau, fut le dernier qui l'occupa[1]. Il y peignit ses meilleurs tableaux[2].

Si l'espace restait pris à la Samaritaine, au terre-plein en revanche la place était faite et largement. On ne sut quel parti en tirer. L'embarras du choix à faire dans les projets de monuments à construire empêcha d'en élever aucun.

D'abord il fut décidé que sur le piédestal resté debout, on placerait les tables des *Droits de l'homme*[3]. Ce projet, sans gaieté, n'eut pas de suite et le piédestal fut enlevé.

Mercier, qui croyait aisé « de métamorphoser le Pont-Neuf en pont triomphal à la gloire de nos généraux[4], » demanda que sur l'espace laissé vide on rendît un gigantesque hommage à la Révolution. Il y voulait, ce

---

étaient alors logés par le gouvernement dans l'une ou l'autre de ces vastes maisons de l'État.

[1] Il n'y alla pas avant 1803, car il logeait encore cette année-là rue des Bons-Enfants.

[2] Saint-Fargeau, *les Quarante-huit Quartiers de Paris*, in-4°, p. 175.

[3] *Moniteur* de 1792, p. 262.

[4] *Nouv. Paris*, t. IV, p. 19.

sont ses propres paroles, « un monument digne de la régénération, une figure colossale consacrant l'insurrection la plus éclatante qu'on ait vue chez aucun peuple [1]. » David avait un projet semblable [2]. C'est la statue du Peuple qu'il prétendait élever à la place de celle du roi qu'avait tant aimé le peuple. L'adorateur, devenu son propre dieu, se serait substitué à l'ancienne idole ! Mais il fallait une image à la taille de la divinité nouvelle. David rêvait donc une statue géante : s'appuyant de la main droite sur une massue, ayant dans la gauche les figures de l'Égalité et de la Liberté, et portant écrit : sur le front, *Lumière*; sur la poitrine, *Nature*; sur les bras, *Force*; sur les mains, *Travail*.

Pour qu'elle eût une base digne d'elle, et qui rappelât bien ce que le peuple, dont elle serait l'emblème, avait foulé aux pieds, il voulait lui faire un piédestal avec les débris tronqués des statues des rois de France arrachées du portail de Notre-Dame [3]. Ce ne fut

---

[1] *Nouv. Paris*, t. II, p. 91.

[2] *V. Réimpression du Moniteur*, t. XVIII, p. 371, 455.

[3] Elles étaient alors entassées derrière l'église : « enterrées sous les plus sales immondices. » (Mercier, *Nouv. Paris*, t. VI, p. 75.) Elles furent ensuite

qu'une insolence en projet. Il n'y eut sur le terre-plein d'autres monuments que de grotesques mannequins provisoires, élevés lors de la chute des Girondins, « énormes polichinels de bois, dit Mercier[1], vils emblèmes du fédéralisme terrassé. Et, ajoute-t-il, le peintre David prêta ses crayons à ces infamies, doublement déshonorantes pour les arts et pour la vérité ! »

Quand ces marionnettes révolutionnaires, qu'on ne vit qu'un jour et qui vécurent trop, eurent été renversées, les projets recommencèrent, pour les monuments à mettre à leur place[2]. Ceux dont le plan marqua le plus furent : d'abord, un obélisque dont le projet, dû à l'architecte Peyre, et mentionné par le *Moniteur* de 1809[3], figura l'année suivante à l'Exposition[4]; puis, un trophée

---

portées au *Marché de la Santé*, dans le XII⁰ arrondissement. Elles y servaient de bornes « dans le lieu même où l'on vend le charbon. » On les y retrouva au mois de novembre 1839. (*Écho du Monde savant*, 1839, p. 757. — *V.* aussi les *Mém. de la Société des Antiq. de France*, nouv. série, t. V, p. 364.)

[1] *Nouv. Paris*, t. II, p. 92.
[2] *V. Réimpression du Moniteur*, t. XXIX, p. 134, 305.
[3] P. 955.
[4] *V.* le *Livret* du Salon de 1810, n° 1075.—Le *Mag.*

géant, rappelant la gloire de nos armées, dont Vivant Denon avait donné le plan et devait diriger l'exécution [1]; et enfin, d'immenses bains, que l'architecte Gisors, le même qui en 1789 projetait au-devant de la place Dauphine une statue à Louis XVI, avait l'intention de bâtir sur le terre-plein, en leur donnant le nom de *Thermes de Napoléon.*

De tout cela, rien ne fut réalisé : statue colossale, obélisque, trophée, thermes, autant en emporta le vent. On laissa l'herbe pousser sur l'espace vide [2] jusqu'à ce que les échoppes du commerce libre, qui abusait de sa liberté pour tout envahir [3], fussent venues

---

pittor., 1843, p. 248, a donné un dessin des hiéroglyphes, tout français mais peu compréhensibles cependant, qui devaient figurer sur cet obélisque, à notre gloire. — En 1833, quelqu'un proposa d'y placer celui qui est aujourd'hui à la place de la Concorde. La brochure faite à ce sujet est intulée : *L'Obélisque de Luxor au terre-plein du Pont-Neuf, la statue de Henri IV à la fontaine de la place Desaix,* 1833, in-8°.

[1] *Le Nouv. Pariseum*, 1811, in-12, p. 127.

[2] *Lettres sur Paris*, Heidelberg, 1809, in-8°. — *Frag. sur Paris*, trad. de Dumouriez, t. Ier.

[3] Ed. et J. de Goncourt, *Hist. de la Société franç. pendant la Révolution*, p. 19.

s'entasser jusque sur ce terrain[1]. On vit, disait tout indigné un humoriste de ce temps-là[2], « une ruche d'*échoppiers* sur la place d'Henri IV, au Pont-Neuf ; sur cette place, sans contredit la plus convenable que l'on connaisse pour ériger un monument. »

Les échoppes furent enfin balayées, comme un encombrement indigne, et le terrain déblayé fut partagé entre un corps de garde et un café[3]. Le maître limonadier qui s'établissait là se nommait Pâris[4] et était habile homme. Il se fit une salle fort élégante et, qui plus est, un fort joli jardin, dont la verdure se mariait avec le sommet des saules qui servaient de rideaux aux bains placés près du terre-plein[5]. Tous les soirs, ce jardin disposé à l'anglaise,—ce qui n'empêcha pas un enthousiaste du temps de le comparer à ceux de Babylone[6], — s'illuminait *a gior-*

[1] Prud'homme, *Miroir histor. de Paris*, t. III, p. 289.
[2] *L'Improvisat. franç.*, t. VIII, p. 37.
[3] Prud'homme, *Miroir histor. de Paris*, t. III, p. 289.
[4] *Essais histor. sur Paris, pour faire suite aux Essais de M. Poullain de Saint-Foix*, par Aug. Poullain de Saint-Foix, 1805, in-8°, t. Ier, p. 148.
[5] Prud'homme, *Miroir histor.* t. III, p. 289.
[6] J. Rosny, *Voy. autour du Pont-Neuf*, 1802, in-12.

no¹. La pointe de la Cité sur laquelle il jetait cette splendeur ressemblait alors à la proue d'une gondole vénitienne descendant la Seine. De jolies femmes, aussi galantes et moins vêtues que leurs aïeules de la Samaritaine, s'y ébattaient dans les bosquets où l'on prenait les meilleures glaces de Paris²; pendant qu'en quelque autre coin, plus sérieux, mais non moins bruyant, on entendait de beaux esprits : Mercier, l'astronome Lalande, Rétif de La Bretonne qui péroraient à perte de vue sur la politique et sur la guerre³.

Rétif avait abandonné pour le *Café Paris* celui de *Manoury*, au quai de l'École⁴, où si longtemps il était venu chaque soir, avec son grand chapeau et son petit manteau, troubler de sa grosse voix, en jouant aux échecs⁵, les vieux rentiers, habitués du lieu

---

1 Aug. Saint-Foix, *Essais histor.*, t. Ier, p. 149.

2 *Ibid.*

3 Saint-Fargeau, *les Quarante-huit Quartiers de Paris*, in-4°, p. 176.

4 Manoury, qui laissa son nom à ce café dont il était le maître, à la fin du règne de Louis XV, a publié un *Essai sur le jeu des Dames à la polonaise*, Paris, 1770, in-12.

5 Ch. Monselet, *Rétif de La Bretonne*, in-12, p. 76.

et grands liseurs de gazettes[1]. Beaucoup avaient fait comme lui. Pour le *Café Páris*, les gens de loi avaient déserté le *Café Conti*, si longtemps leur préféré[2]; les officiers, le *Café Militaire*, du quai de la Ferraille[3]; et les artistes, le *Café du Parnasse*[4]. Oui, Charpentier lui-même, l'heureux maître de ce dernier café, avait vu presque abandonner ses salles si longtemps pleines. Bien lui avait pris de faire fortune auparavant.

Cette fortune rondelette du limonadier et sa jolie fille dont il faisait l'ornement de son comptoir avaient pendant plusieurs mois, avant 1789, fixé dans ce café l'assiduité ardente d'un jeune basochien d'Arcis-sur-Aube,

---

[1] Blanvillain, le *Pariseum*, 1803, in-12, p. 270.— D'Allonville, *Mém. secrets*, 1838, in-8°; t. II, p. 339.

[2] Blanvillain, p. 270.

[3] *Ibid.*

[4] C'est par erreur que nous avons dit (p. 269-270) que le *Café Manoury* fut le successeur de celui du *Parnasse*. Ils existèrent longtemps de compagnie, en bons voisins. Le dernier ne disparut qu'en 1802 pour être remplacé par celui du *Pont-Neuf*. Le passage du *Café du Parnasse*, qui allait du quai de l'École, n° 10, à la rue des Prêtres, fut le seul souvenir qui en resta. (Saint-Edme, *Paris et ses environs*, t. Ier, p. 1093.—La Tynna, *Dict. des rues de Paris*, 1816, in-8°, p. 94.)

à la tête puissante, à la forte carrure, à la voix de Stentor. D'œillade en œillade, de propos en propos, on en vint à s'expliquer. Le jeune basochien champenois s'offrit pour époux, et fut accepté. Il eut, sans sortir de ce café, une jolie femme et une jolie dot, grâce à laquelle il put acheter bientôt ce qu'il convoitait : une charge d'avocat au Conseil[1]. Il la paya cher avec l'argent du limonadier, mais quelques années après on la lui acheta bien plus cher encore avec l'argent du roi[2]. C'est qu'alors ce n'était plus la charge qu'on payait, c'était l'influence de l'homme, nécessaire comme force au parti de la cour.

Or cet homme, que ses dettes livraient[3], convoité comme Mirabeau, acheté comme lui, qu'était-il? Le Mirabeau du peuple, Danton!

Ce nom terrible nous ramène à la Terreur, que nous commencions à oublier, malgré les souvenirs qu'elle a laissés sur le Pont-Neuf. Il nous conduit tout retentissant au *club des*

---

[1] Ed. et J. de Goncourt, *Hist. de la Société franç. pendant la Révolut.*, p. 210.—G. Duval, *Souv. de la Terreur*, ch. IV.

[2] Extraits des *Mém.* de La Fayette, *Revue des Deux Mondes*, mars 1837, p. 715, note.

[3] Mercier, *Nouv. Paris*, t. III, p. 212.

Cordeliers, dont les séances dans la salle du *Musée de Paris*, en cette rue Dauphine qui s'appellera bientôt rue de *Thionville*[1], rivalisent de démagogie avec celles du club des Jacobins; puis, drapeau sinistre, il marche en avant des massacres de septembre, dont Danton en effet fut l'âme, sinon le bras, et qui laissèrent sur le Pont-Neuf une si longue traînée de sang.

C'est du terre-plein, par la voix du canon d'alarme, que le signal en partit[2], et c'est à deux pas de là que des mains, impatientes de carnage, abattirent les premières victimes.

Quoique la prison de l'Abbaye, où déjà les massacreurs s'apprêtaient, regorgeât de prisonniers, on y voulut encore une plus ample

---

[1] Le 27 oct. 1792, en mémoire de la valeureuse défense de Thionville, la rue Dauphine échangea son nom pour celui de cette ville. *V.* la *Réimp. du Moniteur*, t. XIV, p. 317. — Le *Musée de Paris*, en 1787, avait émigré aux *Cordeliers* (*Mémor. de l'Europe*, t. II, p. 390), et par un singulier hasard, le club qui d'abord s'était tenu aux *Cordeliers* vint ensuite au *Musée de Paris*.

[2] Granier de Cassagnac, *Hist. des Girondins et des Massacres de septembre*, t. II, p. 118. — Michelet, *Hist. de la Révolut.*, t. IV, p. 139.

42.

hécatombe. La Mairie, dont le siége était alors, comme je l'ai dit, rue de Jérusalem, dut fournir sa part dans ce supplément de gens à massacrer. Vingt-quatre prêtres qui n'avaient pas voulu prêter serment à la Constitution, et qui étaient pour cela traités de *réfractaires* par Marat et les siens [1], s'y trouvaient renfermés. Le vénérable abbé Sicard, sous-instituteur des sourds-muets, était du nombre. Il échappa, comme par miracle, et put ainsi écrire sur tout ce qui passa une relation qui sera notre guide.

Le 2 septembre à deux heures, pendant qu'ils dînaient, les vingt-quatre prêtres entendirent le canon du terre-plein. Inquiets, ils s'informèrent; on leur dit que c'était l'annonce de la prise de Verdun par les Prussiens. C'était en réalité le signal de la boucherie où l'on allait les conduire [2]. Bientôt une bande de ces Marseillais et de ces Avignonnais qui n'avaient pas cessé de camper sur la place Dauphine où nous les avons déjà vus, se précipite dans la salle, renverse les tables, s'empare des vingt-quatre prêtres, les jette dehors, les entasse pêle-mêle dans

---

[1] *Journal de la République*, n° 12.
[2] *Relation de l'abbé Sicard*, p. 101.

six misérables fiacres qu'on a fait avancer, et crient : *A l'Abbaye !*

On marche très-lentement. C'était l'ordre donné aux cochers, sous peine d'être massacrés sur leur siége[1]. Il fallait bien laisser à la populace armée de piques et de sabres qui entourait ce convoi, le temps d'insulter, à son aise, les prêtres qui allaient mourir[2]. Les voitures étaient ouvertes ; les prisonniers voulurent fermer les portières ; on les en empêcha. Pas une insulte, pas un outrage ne devaient être épargnés aux victimes. La populace s'échauffa par ses propres injures, qui bientôt même ne lui suffirent plus. Les fiacres qui devaient suivre le quai des Orfévres pour de là gagner la rue Dauphine et le carrefour Buci, n'étaient pas au bout du Pont-Neuf, que déjà des coups de sabre et de pique avaient été donnés à tort et à travers par les portières ouvertes : « Un de mes camarades, dit l'abbé Sicard[3], reçut un coup de sabre sur l'épaule, un autre fut blessé à la joue, un autre au-dessus du nez. » Dans la rue Dauphine, ce fut un vrai massacre. Un

---

[1] *Relation de l'abbé Sicard*, p. 101.
[2] *Ibid.*
[3] *Ibid.*, p. 103.

des fédérés donnés pour escorte aux voitures, qui s'était, plus que les autres, enivré de ses vociférations injurieuses, ou bien qu'une réponse un peu vive d'un des prêtres du dernier fiacre avait mis hors de lui [1], monta sur le marchepied et plongea son sabre à trois reprises dans le cœur d'un des prisonniers. *Il faut les tuer tous!* fut le seul cri de la foule à ce spectacle. Les fédérés alors mettent le sabre à la main, arrêtent les chevaux, montent sur les roues, et plongeant ainsi dans la voiture, y lardent à coups de pointe les trois malheureux qui survivaient. Le fiacre n'emporta que des cadavres au lieu du massacre [2].

Les vingt qui demeuraient eurent tous, sauf l'abbé Sicard et deux autres, un sort pareil dès leur arrivée à l'Abbaye, où le massacre ne cessa plus pendant le reste du jour et toute la nuit. A la Force, aux Carmes, à Bicêtre, à la Salpêtrière, au Châtelet, à la Conciergerie, les égorgeurs étaient aussi à l'ouvrage, entassant autour d'eux une foule de cadavres, dont le flot débordait sur tous les lieux environnant ces geôles. Le Pont-

---

[1] Méhée de la Touche, *la Vérité tout entière sur les vrais auteurs de la journée du 2 sept. 1792*, p. 22-24.
[2] *Ibid.*

Neuf et le Pont-au-Change reçurent ainsi les corps des prisonniers massacrés au Châtelet et à la Conciergerie.

« Parvenus au Pont-au-Change, dit un témoin dont la poignante relation n'est pas assez connue[1], nous remarquâmes de loin sur l'un des trottoirs à droite, un tas informe qui avait l'apparence d'un amas de bûches : mais en passant très-vite, nous reconnûmes encore que c'étaient des malheureux égorgés dans la prison voisine et qu'on avait rangés là les uns sur les autres, en attendant le moment de les enlever. » Sur le Pont-au-Change, selon Mercier[2], l'on n'avait pas entassé moins de trois cents cadavres.

Au Pont-Neuf, c'était de même. Quand les commissaires nommés par l'Assemblée pour lui rendre compte de ce qui s'était passé, traversèrent le pont, ils y virent les tueurs, qui dépouillaient les tués, et, comme Santerre un peu auparavant, il leur fallut pour passer enjamber des tas de corps morts !

Voici ce que déclarent à ce sujet, avec un laconisme qui ne voile pas l'horreur du spec-

[1] Guyot de Fère, *Archives curieuses*, 1830, in-8°, 1re année, 2e série, p. 110.
[2] *Nouv. Paris*, t. II, p. 120.

tacle, les *Procès-verbaux de l'Assemblée nationale*[1] :

« M. Guiraut, troisième commissaire, a dit : les prisons du Palais sont absolument vides, et fort peu de prisonniers ont échappé à la mort...

« M. Guiraut a ajouté que le peuple faisait sur le Pont-Neuf la visite des cadavres, et déposait l'argent et les portefeuilles... »

Prud'homme, en ses *Révolutions de Paris*[2], donne quelques détails plus colorés, mais dont l'effrayant cynisme arrive à peine encore à peindre tout ce qu'il y avait d'horrible dans ces scènes du Pont-Neuf, du Pont-au-Change et du Pont-Notre-Dame[3], où des bandes enivrées de sang s'acharnaient encore sur les hideuses épaves du massacre : « Spectacle effroyable, dit-il, surtout de voir des femmes ou plutôt des furies retourner ces cadavres, leur faire les attouchements les plus indé-

[1] T. XIV, p. 319.
[2] T. XIII, p. 423.
[3] Le Pont-au-Change et le Pont-Neuf n'avaient pas suffi pour l'effroyable exhibition des cadavres de la Conciergerie ; il avait fallu en exposer un grand nombre sur le pont Notre-Dame, où Prud'homme vint les voir.

cents, aider à charger les voitures, monter dessus et, tout le long de la route, jusqu'aux carrières de Montrouge, frapper sur les fesses des cadavres. Le cœur se soulève à ces affreuses images ! »

Ceux qui ont commencé ce sinistre drame, trop bien exécuté, et ceux qui l'ont laissé faire, auront bientôt leur tour. Bientôt le canon du Pont-Neuf annoncera leur chute ou leur mort avec l'impassibilité du destin. Le jeudi, 24 janvier 1793, trois jours après le supplice de Louis XVI, il se fait entendre. Qu'annonce-t-il? la cérémonie funèbre de Lepelletier Saint-Fargeau [1], à qui le garde du corps Pâris a fait expier par un coup de poignard son vote de mort contre Louis XVI, et qui a devancé d'un jour, dans la tombe, le martyr qu'il a condamné.

Le 31 mai, le canon d'alarme tonne encore. Cette fois, il annonce la chute de tout un parti. La Montagne a vaincu la Gironde, et pour achever de l'abattre, elle fait appel aux recrues de la révolte, à toutes les sections en armes. Le mouvement devait commencer au bruit du canon du Pont-Neuf. On est debout

---

[1] *Journal* de Wille, t. II, p. 370.

dès le matin; on est armé, on attend. Henriot vient donner aux canonniers du terre-plein l'ordre de tirer. Le commandant de la section du Pont-Neuf demande si la Convention l'a ordonné, et Henriot, ne pouvant prouver qu'il agit en effet au nom de l'Assemblée, il défend aux canonniers de faire feu[1]. Henriot court à la Convention pour annoncer ce qui se passe et se plaindre de la résistance qu'il rencontre. Valazé, le Girondin, se lève et demande qu'on l'arrête pour avoir tenté de jeter cette alarme dans Paris[2].

Sa voix est couverte par celle de toute la Montagne. Henriot obtient ce qu'il venait chercher, et bientôt le canon se fait entendre au moment où l'on croyait tout fini. « Je retournai chez moi fort tranquillement, dit Wille[3]; mais quelque temps après, on tira du Pont-Neuf, que je vois de mes fenêtres, les trois coups du canon d'alarme, et les bataillons marchèrent des diverses

---

[1] Buchez et Roux, *Hist. parlement. de la Révolution*, t. XXVII, p. 324.—*Réimpress. du Moniteur*, t. XVI, p. 523.

[2] Buchez et Roux, *Hist. parlement. de la Révolution*, t. XXVII, p. 324.

[3] *Mémoires et Journal*, t. II, p. 381.

sections vers le château de la Convention. »

La Gironde était tombée, mais des vengeurs s'armaient déjà pour elle. Le 13 juillet, vers le soir, Wille revenant chez lui par le Pont-Neuf, y voit beaucoup de gens assemblés qui parlent avec animation. Il s'informe, et il apprend « que Marat... venait d'être assassiné par une femme [1]. »

Marat avait eu quelque temps auparavant un étrange projet. Il avait voulu armer de poignards toutes les bandes de clubistes femelles et de tricoteuses qui formaient le public féminin de la Convention [2]. Huit mille poignards avaient été commandés dans les armureries et chez les orfévres qui, faute d'ouvrage, s'étaient mis à faire des sabres et autres armes [3]. Un ami de Marat, Gémard l'armurier, en avait déjà fabriqué un millier. La sanglante commande s'arrêta là [4]. Une seule femme s'arma du poignard, comme le voulait Marat, c'est Charlotte Corday, qui le poignarda.

---

[1] *Mémoires et Journal*, t. II, p. 383.

[2] Ed. et J. de Goncourt, *Hist. de la Société franç. pendant la Révolution*, p. 405.

[3] *Ibid.*, p. 223.

[4] *Ibid.*, p. 405.

Le Pont-Neuf vit passer son effrayante apothéose. Le 16 juillet, quand la nuit est venue, car il semble qu'on ait attendu l'heure des hiboux pour bien fêter cet homme de proie, le cortége funèbre se met en marche à la lueur des torches, qu'agitent les mégères des halles, et qui, pour célébrer dignement ce démon du mal, semblent vouloir secouer l'incendie partout où passe son cadavre. Il est sur un char élevé, nu jusqu'à la ceinture, montrant la plaie sanglante par laquelle s'est échappée son âme avide de sang. L'encens fume alentour, moins pour lui faire honneur que pour chasser les miasmes de la putréfaction, qui avant la mort l'envahissait déjà. Un enfant, que cet affreux voisinage menace d'asphyxie, est debout auprès du corps, tenant d'une main une couronne civique et de l'autre un flambeau, dont les rouges lueurs se projettent sur sa face verdâtre :

« Et, disent MM. de Goncourt [1], et ainsi marchent dans les colères de la nuit tempétueuse, sous les décharges du canon, tout le long de la Seine noire, rougie de place en

---

[1] *Hist. de la Société franç. pendant la Révolution*, p. 438.

place par le reflet des torches balayées au vent, ainsi marchent la pompe de Marat, le mort, la baignoire de Marat, le billot où posait l'encrier de Marat. Il est promené, l'assassiné populaire, par le Pont-Neuf, le quai de la Ferraille, le Pont-au-Change, la maison commune, puis de là, il revient par les rues au Théâtre-Français. »

Si l'on n'eût pas choisi cette heure des ténèbres pour la glorification de la sombre idole, peut-être son char se fût-il heurté sur le Pont-Neuf à quelque charrette pleine de ces victimes dont l'holocauste lui était si agréable et dont le cri, renouvelé des cirques anciens : *Morituri te salutant,* eût été un si doux adieu pour son ombre sanguinaire.

Le Pont-Neuf, en effet, vit passer, l'une après l'autre, toutes ces charrettes du bourreau, dont le sinistre chemin était toujours le même, depuis le guichet de la Conciergerie jusqu'à l'échafaud de la place de la Révolution. Elles suivaient le quai de l'Horloge, le Pont-Neuf, la rue de la Monnaie et celle du Roule, la rue Saint-Honoré, la rue Nationale [1],

---

[1] Granier de Cassagnac, *Hist. des Girondins et des Massacres de septembre,* t. Ier, p. 103.

et faisaient leur halte suprême sur la place, à l'endroit où celle des deux monumentales fontaines qui est la plus rapprochée du Garde-Meuble, ne semble encore épuiser son eau que pour laver la trace du sang qui pendant si longtemps y tomba goutte à goutte du haut de la guillotine.

Le frisson prenait aux bourreaux eux-mêmes lorsqu'ils passaient sur cette route que tant de martyrs avaient suivie.

Un soir Fouquier-Tinville revenait du tribunal révolutionnaire avec Senar. Quand ils furent sur le Pont-Neuf, le terrible accusateur s'arrêta tout à coup pâlissant et chancelant. Il voulut s'appuyer sur le parapet et recula d'horreur, il lui avait semblé que la Seine roulait des flots de sang. « Je ne me sens pas à mon aise, dit-il à Senar, qui depuis a rapporté ses paroles[1]. Je crois voir les ombres des morts qui me poursuivent ! » Et il tomba évanoui dans les bras de son ami.

Cette scène d'hallucination peuplée de remords est plus effroyable que celle de *Macbeth*.

---

[1] Procès de Fouquier-Tinville, dans l'*Hist. parlementaire de la Révolut.*, t. XXXIV, p. 308.

XIV

Bonaparte dans la mansarde du quai Conti. — Sa géographie depuis le Pont-Neuf jusqu'à Sainte-Hélène.—La journée du 13 vendémiaire au Pont-Neuf et sur les quais.—La criée des journaux, les tarifs immondes et le *biribi* ambulant au Pont-Neuf. — Les bouquetières pendant la Terreur. — Les crieurs d'arrêts.—Anecdotes sur Maury et Richelieu.—Les friperies d'église au Pont-Neuf.— Mascarades sacriléges.—Les déesses de la Raison.— Brocantage de chefs-d'œuvre. — Les tableaux de Versailles au Pont-Neuf.—Le beau temps du bouquinage. — Le mauvais temps de la cuisine. — Comment on tâche de dîner aux quais de la Ferraille et de la Volaille. — Les vendanges sous le Pont-Neuf et le père Duchesne.— Logements sur les *bacs* et dans les bateaux de blanchisseuses. — Fabrique de canons sur la Seine. — Danses et spectacles le jour de la mort de Louis XVI. — Le *Théâtre d'Henri IV,* puis *de la Cité.* — Vol à main armée en plein spectacle. — Conseils de la police aux étrangers pour qu'ils ne sortent pas le soir. — *Les Jeunes-Élèves* de la rue de Thionville.— La rue du Pont-de-Lodi et les libraires Dentu, Didot, etc.—Déjazet en 1807.—Polichinelle et la guillotine. —*Réveil de Brioché* aux *Jeux forains* du Palais-Royal.—Les tondeurs de chiens et le vaudevilliste Jean Paquet.—Joseph

Lorain, son enseigne et son orthographe. — *Philippe le Savoyard, ou l'Origine du Pont-Neuf*, au Vaudeville. — Le chanteur Duverny et ses rivaux. — *Bayard au Pont-Neuf, la Matinée du Pont-Neuf.* — Joseph Rosny et son *Voyage autour du Pont-Neuf.* — Le monument de Desaix à la place Dauphine. — Le pèlerinage annuel des derniers Templiers. — Les orfévres et les lunettiers. — Le vrai Chevalier. — Encore le *Petit-Dunkerque.* — La *Foire des Jouets* au terre-plein, le jour de l'an. — Création du *Marché aux Fleurs* et de la *Halle à la volaille.* — La *Roulette* de la rue Dauphine. — Les imprimeurs du passage Dauphine et leur mitraille en juillet 1830. — Martin, cul-de-jatte et devin. — Les *cris* du Pont-Neuf. — L'*Aveugle du Bonheur.* — Un drame d'amour et une machine infernale aux Quinze-Vingts. — M. Galland et les histoires qu'il conte si bien. — Les *banquistes* à l'orientale. — Pinetti et la *poudre persane.* — Miette et son *pallas.* — Sa mort. — Amers regrets. — Le Vénitien Rupano. — Les demoiselles Demonchy et Valechon. — Procès perdu pour une annonce. — Vigier et sa fortune. — Ses bains. — Ce que lui doivent les bords de la Seine. — Un mot d'histoire sur les décrotteurs. — Un décrotteur enrichi par le grec. — Le petit décrotteur et son barbet *crotteur.* — La *bourrée* d'Auvergne et le carillon du Pont-Neuf. — Requête en vers de la *Samaritaine à l'Empereur.* — Réveil du carillon. — Le dernier carillonneur. — Son histoire et celle de ses cloches. — Soixante ans de carillonnage. — Démolition de la Samaritaine et fin de l'Empire. — Un Henri IV de plâtre au Pont-Neuf. — Fonte du nouveau Roi de Bronze, ce qu'il a dans le bras. — Son cheval, ce qu'il a dans le ventre. — Comment ils sont transportés au Pont-Neuf. — Fêtes de la place Dauphine. — Transformation du Pont-Neuf; conclusion.

Quelques années avant la Révolution, un jeune homme de dix-sept ans environ, qui portait l'uniforme des élèves de l'École militaire, était vu souvent sur le quai Conti, au bas du Pont-Neuf, allant et venant, le front pensif, et faisant lui-même avec une sorte de gêne orgueilleuse les commissions de son petit ménage. Il logeait sur le quai même, tout près du *Petit-Dunkerque,* dans une mansarde de la maison qui est au coin à droite de la ruelle de Nevers. Il venait là passer, solitaire et ambitieux, les jours de congé qu'on accordait alors assez facilement aux élèves de son école. Comme il n'était pas riche, il allait lui-même acheter ce qu'il lui fallait pour son déjeuner ou pour sa toilette. Souvent on le voyait revenir tenant à la main soit un pain et un angle de fromage, soit un œuf et un peu de noir de fumée, avec lesquels il composait l'amalgame noirâtre qui était alors le cirage des pauvres gens. Sa toilette faite, ses bottes bien cirées à l'œuf, il s'en allait faire quelques visites par la ville à des personnes de son pays, puis il revenait à son logis sur les toits. Ses heures s'y passaient en des études chéries : l'algèbre, l'histoire, la géographie ; ou bien en de longues méditations devant le spectacle agité que le Pont-Neuf déroulait au-dessous de lui.

Vers le milieu d'octobre 1785, il descendit

de sa mansarde, de son nid d'aiglon, pour n'y plus revenir[1]. Il avait reçu peu de jours auparavant, avec son brevet d'officier au régiment d'artillerie de La Fère, l'ordre de rejoindre son corps, en garnison à Valence en Dauphiné. Il partait donc après avoir fait lestement sa valise, empaqueté ses livres et fermé ses cahiers, dont l'un, celui de ses études géographiques, était interrompu à ces mots : SAINTE-HÉLÈNE, PETITE ILE[2], qui marquaient d'avance où devaient s'arrêter sa géographie et sa destinée.

Ce jeune homme, qui du haut de sa mansarde ouverte sur le Pont-Neuf[3], avait étudié pendant de si longues heures ce grand champ de bataille révolutionnaire, est le génie qui

---

[1] Quand il revint à Paris, en nov. 1787, il alla loger à l'*Hôtel de Cherbourg*, rue du Four-Saint-Honoré, demeure oubliée par M. Marco de Saint-Hilaire dans son *Hist. anecdot. des Habitations Napoléoniennes à Paris*. (V. la *Revue des Deux Mondes*, 1er mars 1842, p. 805, *Souvenirs de la Jeunesse de Napoléon*.)

[2] *Ibid.*, p. 809.

[3] Pour cette maison du quai Conti, dont le propriétaire, M. Lelièvre-Lavillette, a fait mettre au coin de la façade une inscription sur marbre et en lettres d'or qui rappelle le séjour du grand homme, V. le feuilleton du *Siècle*, du 16 juillet 1843.

doit dompter la Révolution: c'est Napoléon Bonaparte.

La journée du 13 vendémiaire, où, en sauvant la République, il se donna les premiers moyens de l'accaparer plus tard, eut vers le Pont-Neuf une de ses plus chaudes péripéties.

Le quartier général de la révolte qui, cette fois, avait pour armée une force régulière (vingt-cinq mille hommes de garde nationale environ[1]), fut, suivant l'ordinaire, à la place Dauphine[2], ou plutôt de Thionville, comme on disait alors.

Vers deux heures, les trois ou quatre bataillons de la Butte-Saint-Roch et de la section Lepelletier, commandés par Lafon, ancien garde du corps[3], s'y réunirent aux cinq sections du faubourg Saint-Germain, qui descendaient de l'Odéon, commandés par le général Danican[4]. Une force insuffisante, ayant pour chef le général Carteaux, avait été placée sur

[1] Ch. de Lacretelle, *Dix années d'épreuves pendant la Révolution*, 1842, in-8°, p. 260.

[2] *Relation du treize vendémiaire*, dans *les Œuvres litt. et polit. de Napoléon*. Paris, 1840, in-18, p. 40-41.

[3] G. Duval, *Souven. thermidor.*, t. II, p. 309.

[4] Napoléon, *Relat. du 13 vendém.*, p. 40-41.—*Anecdotes inédites de la fin du XVIIIe siècle*, 1801, pet. in-8°, p. 182.

le Pont-Neuf avec ordre d'en défendre les deux issues[1] et de s'opposer surtout à une irruption du côté de la Samaritaine[2]. Un bataillon de quatre cents hommes de troupe de ligne, qui pouvaient être facilement entraînés à partager le sentiment de l'armée citoyenne[3], était, avec quatre pièces de canon, la seule ressource de résistance dont pût disposer le général Carteaux.

Quand le flot des sections se mit à monter, il vit bien vite qu'il ne pourrait tenir[4]. Du terre-plein où il s'était placé, il descendit vers le quai de l'École, refoula les premières colonnes de la section Lepelletier, fila le long du jardin de l'Infante, dont un bataillon de garde nationale s'était déjà emparé[5], et vint prendre position sous le guichet de la galerie du Louvre. Là, il put donner la main aux canonniers qui, mèche allumée, gardaient le Pont-Royal, et aux *Patriotes de* 89 qui, sous les ordres du

[1] Napoléon, *Relation du 13 vendémiaire*, p. 41.
[2] P. Salles, *Almanach des honnêtes gens de* 97, p. 164.
[3] Napoléon, *Relation du 13 vendémiaire*, p. 40. — H. Meister, *Souv. de mon dernier Voyage à Paris*, an V, in-12, p. 241.
[4] G. Duval, *Souv. thermidor.*, t. II, p. 309.
[5] Napoléon, *Relation du 13 vendémiaire*, p. 41.

général Berruyer, défendaient la terrasse, en face de la salle de la Convention. Les pièces que Carteaux ramenait du Pont-Neuf furent braquées le long de la galerie du Louvre, sous la fenêtre dite de Charles IX, de manière à pouvoir foudroyer sur l'autre quai les bataillons de sectionnaires qui descendraient par là du Pont-Neuf vers le Pont-Royal. Le vide laissé entre la position du général Carteaux, près du guichet, et le Pont-Neuf, où se tenaient les sectionnaires, fut couvert par quelques escadrons de chasseurs et de hussards qu'avait envoyés Bonaparte et qui voltigèrent tout autour du Louvre et sur le quai de l'École [1].

L'attaque, longtemps retardée, à ce point que Bonaparte craignait qu'elle ne commençât pas de la journée et que les sections eussent ainsi toute la nuit pour grossir leurs rangs et se faire des positions meilleures, préluda enfin, vers quatre heures un quart, par un coup de feu parti de la maison d'un restaurateur, et qu'un conventionnel, Dubois Crancé, dit-on [2], avait tiré sur les sectionnaires

---

[1] P. Salles, *Almanach des honnêtes gens de 97*, p. 164.
[2] Lacretelle, *Dix années d'épreuves*, p. 261.

qui occupaient les marches de Saint-Roch. C'étaient des gardes nationaux des sections Lepelletier et de la Butte-Saint-Roch qui étaient restés là pour défendre leur quartier, pendant que les autres étaient au Pont-Neuf. Ils ripostèrent par une vive fusillade. L'artillerie de la Convention, en batterie devant le cul-de-sac du Dauphin, se mit alors à cracher sa mitraille, et le portail de l'église, qui en porte encore des cicatrices[1], fut bientôt balayé.

De ce côté, le coup de main des sectionnaires contre la Convention étant manqué, ils songèrent à une autre attaque sur un autre point. C'est alors que, d'après un ordre parti du couvent des Filles-Saint-Thomas, où siégeait le comité dirigeant de la section Lepelletier, le mouvement commença du côté du Pont-Neuf[2].

Lafon et Danican s'y trouvaient, l'un, comme nous l'avons dit, avec les gardes nationaux de la section Lepelletier qui n'avaient pas donné près de Saint-Roch, ou qui étaient venus rejoindre; l'autre avec les cinq sections du faubourg Saint-Germain. Ce Danican était

---

[1] *Paris démoli*, 2ᵉ édit., p. 222.
[2] Lacretelle, p. 261.

un bravache, qui parce qu'il avait combattu les Vendéens, se croyait capable de faire enlever par ses gardes nationaux, comme Charette ou Bonchamp par leurs paysans, des pièces de canon à la baïonnette[1]. A force de fanfaronnades il finit par faire croire à son courage et au succès. Sans hésiter davantage, on déboucha donc du Pont-Neuf sur le quai des Théatins pour gagner le Pont-Royal, occupé par les conventionnels. « Nous nous mîmes en marche, dit Charles Lacretelle[2], pleins du sentiment le plus belliqueux, et j'avais, ajoute-t-il, l'honneur de figurer au premier rang des grenadiers. Notre colonne se grossit au point de former une masse de quinze mille hommes; mais les derniers arrivants n'étaient pas les plus déterminés, et n'avaient qu'un courage d'emprunt ou de parade. Le général Danican nous fit défiler sur les quais depuis le Pont-Neuf jusqu'au Pont-Royal, comme pour offrir une plus large proie au canon, et Bonaparte, général d'une tout autre espèce, nous laissait patiemment approcher. »

Quand on ne fut plus qu'à cinquante ou soixante pas, le canon rompit son silence. La

[1] *Ibid.*, p. 261.
[2] *Ibid.*

batterie du Pont-Royal mitrailla de front la colonne, tandis que les canons du général Carteaux, près du guichet, dirigeant leur feu vers l'autre côté du fleuve, la prenaient en écharpe et y faisaient de grands ravages. Ce fut bientôt dans les derniers rangs un sauve-qui-peut général. Il n'y resta que les hommes tombés. Des gamins qui avaient suivi, flairant une proie, se précipitèrent sur les cadavres, les dépouillèrent et les jetèrent par-dessus le parapet, en se plaignant que le carnage ne leur eût pas préparé un plus riche butin [1].

La compagnie de front faisait cependant assez bonne contenance. « Nous tenons ferme, dit Charles Lacretelle [2], et nous répondons par deux décharges dirigées sur le Pont-Royal. Nous avions gagné même un peu de terrain, lorsqu'en nous retournant, nous voyons l'immense quai dégarni de gardes nationaux, à l'exception de deux ou trois mille qui avaient ouvert la marche. » A quoi bon alors résister plus longtemps? La victoire de la Convention était décidée. Les sectionnaires firent donc

[1] H. Meister, *Souv. de mon dernier voyage à Paris*, an V, in-12, p. 244.
[2] *Dix années d'épreuves*, p. 263.

retraite par la rue de Beaune, où le général Danican avec son état-major l'avait du reste devancé, dès le commencement de l'action [1].

Ce qu'on avait eu de craintes dans le comité des Filles-Saint-Thomas, à propos de ce général, qui fut sur le point d'y être déclaré traître [2]; toutes les défiances qu'avait éveillées sa conduite, lorsque avant l'engagement il avait tâché d'entrer en accommodement avec la Convention, démentant ainsi ce qu'avaient promis ses fanfaronnades, se trouvèrent justifiées par cette couarde retraite [3]. Décidément, comme l'a dit Lacretelle, Bonaparte était un général de tout autre trempe. Il ne parlait pas tant, et se battait mieux.

Après cette journée, la fièvre qui fut la vie

---

[1] *Ibid.*, p. 262. — G. Duval, *Souv. thermidor.*, t. II, p. 315, dit que Danican déserta sur le Pont-Neuf même. C'est Lacretelle qu'il faut croire. — Dès que la victoire fut décidée, on ne tira plus qu'à poudre sur les fuyards. (*Docum. particul. sur Napol. Bonaparte*, 1819, in-8°, p. 97.)

[2] *Anecd. inédites de la fin du* XVIII° *siècle*, p. 182.

[3] Danican n'a pas nié la démarche qu'il avait fait faire auprès de la Convention, et dont Bonaparte, dans sa *Relation du 13 vendémiaire* (p. 41), n'a donné qu'une explication incomplète. L'exemplaire que nous possédons des *Anecdotes inédites* porte des notes de la main de Danican. En marge de ce pas-

de la Révolution, cesse un peu au Pont-Neuf comme dans tout le reste de Paris; au cœur comme dans les membres. On a senti la main qui doit ramener l'ordre, et il se fait déjà.

Il était temps. Jamais désordre et chaos ne se virent nulle part plus tumultueux, plus mêlés, plus sanglants que le chaos et le désordre qui pendant quatre années furent, on peut le dire, en ébullition constante sur le vaste espace dont le Pont-Neuf est le centre. Ce qu'on y avait vu pendant la Fronde n'était rien auprès. C'était une révolution pour rire et qui riait en effet ; celle-ci est une révolution de terreur, et la terreur est partout: dans les voix qui chantent, dans les cris qui annoncent, et jusque dans les jeux. Les *mazarinades,* Naudé nous l'a dit, se criaient sur le ton bénin qu'on prenait pour annoncer les petits pâtés, et se vendaient comme eux. Les journaux et les proclamations de la Révolu-

---

sage de la page 183 : « Il avait écrit au Comité de Salut public que s'il voulait faire retirer les bataillons des patriotes, les sections poseraient leurs armes... » Danican a mis : « Cet article me justifie des clabauderies des sots, qui croient qu'à ma place ils auraient réussi.» Danican n'est mort qu'au mois de décembre 1848, à Itzchoé, dans le Holstein, où il vivait depuis 1820. Il avait 85 ans.

tion se hurlent sur une mélopée tragique, et la tragédienne Clairon, retirée dans sa mansarde de la rue de Saintonge, ne peut qu'à grand'peine en réveillant tous les plus rauques accents de sa voix, imiter le cri du marchand en bonnet rouge qui vend *l'Ami du Peuple* sous ses fenêtres[1]. A chaque coin des rues, des quais, des ponts, c'est un cri pareil qui s'enroue pour quelque annonce semblable. Le journal enfin est alors, comme on l'a dit : « la bête aux mille voix qui va beuglant, cornant, hurlant[2]. » Une seule fois, mais plus tard, lorsqu'on peut recommencer à rire, l'annonce gazetière se fera plaisante. Hoffmann s'est mis à rédiger un journal, qu'il appelle *le Menteur,* et que son aboyeur crie ainsi sur le Pont-Neuf : « Voici le journal *le Menteur* qui dit du bien du gouvernement[3] ! »

Auprès de ces gazettes si bruyamment criées, que crie-t-on encore ? L'immonde marchandise, la prostitution au rabais, *le Tarif des*

---

[1] *V.* Eug. Maron, *Hist. de la Littérat. pendant la Révolution*, et la Chronique de *la Patrie* du 25 fév. 1861.

[2] Ed. et J. de Goncourt, *Hist. de la Société française pendant la Révolution*, p. 251.

[3] Roger, *Œuvres*, t. Ier, p. 22.

filles du Palais-Royal, lieux circonvoisins et autres quartiers. Il y a là soixante-douze noms de misérables à vendre, et ce sont de pauvres petites filles de sept à huit ans qui font sur le Pont-Neuf, en arrêtant les passants par l'habit, cette incroyable et monstrueuse criée. « Je ne sais pas, dit un témoin, ce qui se passait aux bacchanales du peuple romain, personne n'a fait le tableau de Rome ; mais aucune ville du monde ancien, aucun peuple que je sache n'a offert ce genre de corruption[1]. »

Toute honte est bue ; la licence des choses jadis le plus sévèrement défendues déborde partout. Quiconque veut jouer n'a plus besoin d'aller furtivement chez Bouilleron ou au *Biribi des Vertus*; le jeu vient le provoquer sur le Pont-Neuf même. Un homme arrive, vêtu d'une large houppelande sous laquelle il semble cacher quelque chose, mais on ne tarde pas à voir ce qu'il cache : c'est une petite table pliante, un carton replié et un sac d'écus. Il dresse la table, étale le carton et fait sonner le sac. A ce tintement d'argent on accourt, et l'on jette aux hasards du biribi

---

[1] Ed. et J. de Goncourt, p. 92.

ambulant ce qui vous reste en poche[1]. Quelquefois le jeu s'installe à moins de frais encore. Le banquier nomade n'a qu'un morceau de craie, et sa bourse qui, plus bruyante que pleine, fait tapage pour attirer la vôtre. Avec la craie, il dessine son jeu sur le large parapet, comme l'enfant sa *marelle* sur le trottoir, et vous perdez votre argent en moins de temps que le gamin n'en met à perdre ses billes. Sur le pont, sur les quais voisins, depuis le quai Pelletier jusqu'à celui de l'École, il y a partout de ces jeux ou plutôt de ces traquenards à niais. C'est le faïencier Souris, des Galeries de bois qui fait les fonds et qui partage les bénéfices[2].

Que font cependant les jolies bouquetières du Pont-Neuf et du quai de la Ferraille, avec leurs frais éventaires et leur mine avenante, avec leurs fleurs moins épanouies que leur sourire? Que sont devenues ces *violletières* babillardes, dont Villon aurait dit comme de celles de son temps :

      Il n'est bon bec que de Paris?

Elles sont devenues les harpies de la Terreur. Chaumette et Marat les soudoient et leur

[1] Ed. et J. de Goncourt, p. 21.
[2] *Ibid.*

marchandise n'est plus qu'un moyen d'espionnage[1]. Elles partent par escouades du quai de la Ferraille, chacune avec ses bouquets et sa mission d'espionne : « Elles vous assiégent à la porte des spectacles, dit Mercier, elles grimpent aux voitures, elles forcent les portes de ceux qui sont nommés à quelque place : elles entrent malgré vous, et pour se dérober à leurs fétides embrassements, il faut payer... J'ai vu, ajoute-t-il, ces êtres impudents venir chez le vertueux Roland, espionner sa table et compter les convives qui y étaient assis, lui le savoir et ne pas oser les chasser[2]. »

Au Pont-Neuf, s'il y a quelque émeute, elles sont là pour l'attiser, pour l'échauffer par leurs clameurs inouïes. C'est à qui d'entre elles fera le mieux chorus avec les aboyeurs de sentences de mort, dont les cris avant la Révolution troublaient déjà le repos du bon docteur Guettard, à ce point que, pour ne plus les entendre, il avait résolu de quitter Paris[3].

[1] Mercier, *Nouv. Paris*, t. V, p. 12-13.

[2] Pendant le Consulat, la police se faisait encore par « de petits détaillants à boutiques portatives. » V. *Extraits d'un Rapport* très-curieux dans le *Catalogue* des autogr. vendus le 11 mai 1861, n° 1005.

[3] *Alman. litt.* de 1788.

Que dirait-il maintenant qu'il ne s'écoule pas une heure sans qu'un *arrêt* soit crié à tue-tête dans les rues et sur les ponts? Les crieurs mêmes s'en font un jeu. S'il passe quelqu'un de leur connaissance, ils lui viennent sous le nez crier, pour rire, sa sentence de mort. Un jour, dès les premiers temps de ces amusements terribles, l'abbé Maury traversait le Pont-Neuf, un crieur qui le reconnaît s'en vient lui beugler aux oreilles : « *Mort de l'abbé Maury!* » L'abbé se retourne et lui applique un vigoureux soufflet en lui disant : « Si je suis mort, au moins tu croiras aux revenants[1]. »

L'aventure est-elle bien vraie? J'en doute. L'abbé y aurait en tout cas montré plus de courage que Richelieu, le 25 avril 1617, lorsque passant sur le Pont-Neuf, et pressé par ceux qui venaient d'y mettre en pièces le corps du marquis d'Ancre, son premier protecteur, il serait, dit-on, descendu de carrosse pour applaudir par les cris de *Vive le roi!* à l'assassinat du ministre[2].

[1] *La nouvelle Satyre Ménippée*, 1791, in-12, p. 4.
[2] Cette anecdote que nous n'avons pas mise à sa date, parce que nous doutons fort de son authenti-

Tout ce qui sent le prêtre est alors mal venu sur ce pont, bien digne d'être le centre de la section, qui, depuis le 9 septembre 1793, a remplacé son nom de *section Henri IV,* par celui de *section révolutionnaire*[1].

Le moindre pan de soutane y fait crier haro sur celui qui le montre. On massacre l'homme pour déchirer l'habit maudit. Il n'est pas d'église qui ne soit dénoncée aux pillards, et dont les saintes dépouilles ne soient mises à l'encan. Jadis ce sont les chasubles et les ciboires des églises d'Angleterre qu'on a vendus comme friperie et bric-à-brac sur le quai de la Ferraille[2]; maintenant c'est Notre-Dame et les vingt paroisses de la Cité que l'on dévaste pour en jeter l'étincelant ves-

---

cité, se trouve racontée partout. *V.* notamment Petitot, *Collect. de Mém. sur l'Hist. de France,* 2ᵉ série, t. XXI, p. 428; Prud'homme, *Miroir histor. de Paris,* t. III, p. 287-288; Pissot, *les Adieux de la Samaritaine,* p. 30-31.—Avant de s'y arrêter, il est bon de faire observer que d'après les *Lettres* du cardinal, publiées par M. Avenel dans la *Collect. des docum. inédits* (t. Iᵉʳ, p. 547-553), Richelieu aurait été dans son évêché de Luçon à l'époque de l'assassinat de Concini.

[1] *Réimpress. du Moniteur,* t. XVII, p. 603.
[2] *V.* plus haut, p. 226.

tiaire aux enchères ouvertes sous les voûtes d'autres églises, devenues les halles de ce butin de sainteté. Allez aux Grands et aux Petits-Augustins et vous y verrez vendre : « chapes, chasubles, étoles, dalmatiques, tuniques, devants d'autel de diverses étoffes et couleurs, partie brochés, galonnés en or et en argent; aubes, rochets, nappes d'autel et amicts [1]. »

S'il se trouve après ces ventes, quelque chose encore dans les trésors des paroisses, si la Monnaie n'a pas pris tout ce qu'elles possédaient d'argenterie, le peuple, à certaines heures de son carnaval terroriste, ira chercher ce reste, et s'en servira pour mener par les rues et sur le pont de sacriléges mascarades. On va faire monter en bagues chez les bijoutiers du quai, dont les doigts tremblent à toucher ces choses saintes, les éméraudes qui décoraient les soleils ; on force le tailleur à vous tailler des culottes de velours à pleines chapes [2] ; « et plusieurs, dit Mercier, ont pour la première fois porté des chemises faites avec les aubes des enfants de chœur [3]. »

Mais voici la mascarade elle-même qui s'en

[1] *Petites Affiches* des 21 et 22 sept. 1791.
[2] Mercier, *Nouveau Paris*, t. IV, p. 110.
[3] Un dégraisseur, selon Beffroy de Reigny, mou-

vient, de Notre-Dame, soûle de vin et d'impiété, pour aller à la Convention recevoir les applaudissements des législateurs [1] !

« Ceux qui y figuraient, dit Mercier [2] qui les vit passer, étaient encore ivres de l'eau-de-vie qu'ils avaient bue dans les calices après avoir mangé des maquereaux sur les patènes. Montés à califourchon sur des ânes, dont des chasubles couvraient le derrière, ils les guidaient avec des étoles. Ils tenaient empoignés de la même main, burette et saint sacrement. Ils s'arrêtaient aux portes des tabagies, tendaient les ciboires, et les cabaretiers, la pinte à la main, les remplissaient trois fois ! »

Cependant, on faisait orgie dans les églises ravagées, et par les plus immondes folies on y célébrait le culte de la déesse Raison. Des courtisanes pour la représenter, des fous ivres de vin et de sang pour la fêter, et pour lui servir de temple des églises profanées : n'était-ce pas bien vraiment la Raison révolutionnaire !

rut pour avoir foulé aux pieds des chasubles dans sa cuve. (*Dict. néolog.*, t. II. p. 217.)

[1] *Nouv. Paris*, t. IV, p. 110.
[2] *Ibid.*, p. 111.

A Notre-Dame, la déesse c'est la Maillard, l'ex-danseuse du théâtre des Petits-Comédiens du bois de Boulogne [1]; à Saint-Eustache, c'est la femme du libraire Momoro, « ce vil et plat orateur des Cordeliers [2]; » à Saint-Gervais, c'est la comédienne Candeille, pour qui fument, en guise d'encens, les harengs grillés sur les autels, pendant que le marchand de tisane tinte de son gobelet, et pendant qu'on donne bal dans la chapelle de la Vierge [3]!

Quand la ripaille, qui sert d'office, est terminée, on descend à la place de Grève, « où une multitude de spectateurs se chauffe à la flamme des balustrades des chapelles et des stalles des prêtres et chanoines [4].

C'est peu à peu qu'on en est arrivé à ces profanations. D'abord on s'est contenté d'insulter les prêtres et de se moquer du sacrement. Un jour, par exemple, un homme s'est présenté au vicaire de Notre-Dame avec un enfant à baptiser. — Quel nom voulez-vous

[1] Ed. et J. de Goncourt, *Hist. de la Société franç. pendant la Révolution*, p. 449.

[2] Mercier, *Nouveau Paris*, t. IV, p. 116.

[3] *Ibid.*, p. 118.

[4] *Ibid.*, p. 119.

lui donner? a dit le vicaire. — *Alexandre-Pont-Neuf*, a répondu l'homme. Le vicaire a refusé, et le soir même il était dénoncé[1].

Nous avons vu ce qu'on a fait des ornements d'église et des habits sacerdotaux. Maintenant voyons ce que sont devenus les tableaux qui paraient les saintes murailles. C'est au Pont-Neuf et sur les quais voisins qu'ils ont été portés, la plupart, pour y être vendus à vil prix, ou profanés par quelque indigne usage. Où retrouver par exemple le magnifique tableau de la Cène dont Notre-Dame était si fière? chez un savetier qui en a fait l'auvent de sa boutique[2]. Les chefs-d'œuvre, parures des palais royaux ou des hôtels princiers, ont eu le même sort.

Allez aux Grands-Augustins où le peintre Martin s'est fait brocanteur, vous en trouverez dans son atelier plus de 800 des plus rares qu'il a ramassés partout et qu'il veut revendre au gouvernement pour une bonne rente viagère[3].

C'est sur le Pont-Neuf que l'Anglais Crawfurd retrouva le Louis XIV à cheval, peint

[1] Ed. et J. de Goncourt, p. 428.
[2] Mercier, *Nouv. Paris*, t. IV, p. 112.
[3] *Frag. sur Paris*, t. II, p. 90.

par Lebrun pour le salon d'Hercule à Versailles[1] ; et sur le Pont-Neuf aussi qu'il acheta quelques écus le portrait de Bossuet par Rigaud, que le Musée paya 5,000 francs à sa vente en 1821[2]. L'autre tableau avait été offert par M. Crawfurd lui-même, en 1815, au roi Louis XVIII, qui en avait agréé l'hommage[3].

On ne faisait auparavant d'étalages et d'encans que sous les piliers des halles, sur le Pont-Saint-Michel ou sur le quai de la Ferraille[4]. Maintenant on vend partout, chaque devant de maison est garni de ce qui la meublait. « La capitale du monde, écrivait Meister en 1797[5], a l'air d'une immense friperie. On est tenté de croire tout Paris en dé-

---

[1] Fr. Barrière, *Notice sur M. Crawfurd*, en tête des *Mémoires de madame du Hausset*, 1824, in-8°, p. XIII.

[2] F. Villot, *Notice des Tableaux du Louvre*, 3ᵉ part. p. 311.

[3] Fr. Barrière, *Notice de Crawfurd*, p. XIII, note.— Pour la Galerie de Crawfurd, en son hôtel de la rue d'Anjou-Saint-Honoré, V. Lady Morgan, *la France*, 1817, in-8°, t. II, p. 72-79.

[4] Meister, *Souv. de mon dernier Voyage à Paris*, an V, in-12, p. 96.

[5] *Ibid.*, p. 96-97.

cret ; hélas ! ce n'est bien, pardonnez-moi le trop juste calembour, ce n'est bien qu'à force de décrets qu'il est devenu ce qu'il a l'air d'être, ce qu'il est en effet. »

Un fiacre passe-t-il sur le Pont-Neuf, on reconnaît sur ses panneaux ternis les armoiries mal effacées du duc ou du marquis dont la misérable voiture était jadis le magnifique carrosse [1]. Regarde-t-on dans les boîtes mal jointes qui s'alignent sur les parapets et remplacent les boutiques portatives des anciens libraires [2], on y retrouve d'admirables volumes, déjà fatigués du grand air; des Elzeviers à grandes marges dans leurs reliures de maroquin rouge et aux armes royales, que la pluie détrempe et que le soleil racornit [3]. « Je m'arrêtais sur les quais, dit madame de Genlis [4], devant de petites boutiques dont les livres reliés portaient les armes d'une quantité de personnes de ma connaissance, et, dans d'autres boutiques, j'apercevais leurs portraits étalés en vente. »

[1] Madame de Genlis, *Mémoires*, t. V, p. 85-86.
[2] *La Pourmenade du Pré-aux-Clercs*, 1622, in-8°, p. 1.
[3] Fr. Barrière, *Notice sur Crawfurd*, p. XIII.
[4] *Mémoires*, t. V, p. 86.

C'était le bon temps des amateurs, et celui des bouquinistes aussi. Un d'eux, qui devint plus tard un riche libraire, et dont le maigre étalage se desséchait alors sur le parapet du quai des Augustins, tout près du Pont-Neuf, apprend, le 5 germinal an VI, que l'on va transporter à l'Arsenal pour en faire des cartouches et des gargousses, tous les livres de théologie et de dévotion de la bibliothèque du château de Sceaux, il y court, s'entend avec le voiturier, et bientôt les livres, au lieu de prendre le chemin de l'Arsenal, prennent celui de sa boutique, d'où ils passèrent en Angleterre. Quelques mauvais bouquins, quelques rames de papier sale furent livrés en échange aux ouvriers chargés des cartouches, pour qui c'était trop bon encore [1].

Alors, en ce moment d'universel bouleversement et de monde renversé, toute chose de luxe est vendue pour rien ; toute chose nécessaire est hors de prix. Où mangent le peuple et le bourgeois ? Sur le Pont-au-Change, sur le quai de la Ferraille, sur le Pont-Neuf [2] : Et que mangent-ils ? Des harengs

---

[1] Delort, *Voyage aux environs de Paris*, t. Ier, p. 74-75, note.

[2] Mercier, *Nouv. Paris*, t. IV, p. 179.

sans pain, à cinq sous la pièce, que les cordons-bleus du quai font griller en plein air sur de mauvais fourneaux[1]. Plus de bonne friture au Pont-Neuf, plus de bons petits pâtés dont l'écolier passant pouvait se régaler pour deux liards[2]; au quai de la Volaille, plus de *marmite perpétuelle*, où l'on pouvait à toute heure du jour pêcher un chapon au gros sel, nageant en plein jus, de compagnie avec plusieurs autres qui, cuisant ensemble, « se communiquaient réciproquement leurs sucs restaurants[3]. »

On vend bien encore quelques poules ou poulets au quai de la Volaille, mais c'est qu'on ne peut plus les nourrir à la campagne, tout le grain ayant été mis en réquisition[4]. Le fourrage manque aussi pour nourrir les bestiaux. Sur le quai l'on ne vend plus que de l'agneau, mais à quinze francs la livre[5].

Quand on s'est bien altéré à la cuisine du quai de la Ferraille, dont les harengs grillés

---

[1] Mercier, *Nouveau Paris*, t. IV, p. 179.

[2] *Ibid*, p. 79.

[3] Mercier, *Tableau de Paris*, 1783, in-8°, t. V, p. 49-50.

[4] *Nouv. Paris*, t. III, p. 77.

[5] *Ibid.*

à la ciboule et au vinaigre sont l'invariable menu, l'on s'en va aux cantines en plein vent du quai de Gèvres, de la Grève et du Port-au-Blé, misérables baraques dressées sur quatre perches, recouvertes de tapisseries d'église et sous lesquelles grouille un monde de mouchards, d'escrocs, d'escamoteurs, de soldats[1].

La détestable piquette qu'on leur sert ne doit rien aux vignobles. C'est sous les ponts qu'on l'a vendangée, c'est sous les *cagnards* des quais de Gèvres ou Lepelletier qu'on l'a fabriquée [2], ce dont s'indigne fort le Père Duchesne. Il voudrait voir à la guillotine, bouchers qui ne vendent que des os, cabaretiers qui ne versent que du vin frelaté.

Écoutez-le en son 345ᵉ *numéro :* « LA GRANDE COLÈRE DU PÈRE DUCHESNE *de voir que les marchands et les accapareurs se f...... du* maximum. *Sa grande motion pour que les bouchers qui*

[1] *Nouveau Paris*, t. V, p. 33. —Leroux de Lincy, *Hist. de l'Hôtel de ville*, p. 21.

[2] Un de ces *cagnards*, où, dit Pasquier (*Recherches de la France*, l. VIII, ch. XLII), les gueux comme *canards* « vouoient leur demeure à l'eau, » existait près du pont Saint-Michel, au bas de la rue de la Huchette. (Sauval, t. II, p. 174; A. de Montaiglon, *Anc. Poésies*, t. Iᵉʳ, p. 311.) On le démolit en 1816. Celui du quai de Gèvres, dont vous vous rappelez

traitent les sans-culottes comme leurs chiens et ne leur donnent que des os à ronger, jouent à la main chaude comme les ennemis de la sans-culotterie, ainsi que les marchands de vin qui font vendange sous le Pont-Neuf et qui empoisonnent, avec leur ripopée, les joyeux républicains[1]. »

Les joyeux républicains ! Le mot n'est-il pas bien trouvé ? Et pourtant il est juste ! En ce temps, en effet, on s'amuse encore. Si l'on croit à quelque chose, c'est au plaisir et à la mort. Jamais à Paris les théâtres n'ont chômé un seul jour, si ce n'est pendant la semaine des enrôlements, quand la patrie a été déclarée en danger. Encore y avait-il, ces jours-

les solides « voûtes sous quai » a été supprimé dernièrement. Jusqu'aux derniers temps, il en avait été sous ces cagnards et sous les ponts voisins, comme au temps de Pasquier, lequel dit en ses *Recherches* loc. citat.) : « Les fainéants avoient accoutumé, au temps d'esté, de se venir loger sous les ponts de Paris, garçons et garces pesle-mesle. » Aussi en 1836, Barthélemy, dans son *Épître au préfet de police*, parlait-il encore de

. . . . ces obscènes fripons
Qui s'embusquent, le soir, sous les arches des ponts.

[1] Ch. Brunet, *le Père Duchesne d'Hébert*, 1859, in-18, p. 211-212.

là; je vous l'ai dit, des théâtres en plein vent, pour remplacer les autres. Cette fougue passée, lorsque les enrôlés ont été envoyés sur la frontière ou logés n'importe où, même sur la Seine, même dans les bateaux de blanchisseuses [1], et dans les *bacs* ou batelets [2], spectacles et plaisirs ont recommencé.

Ils ont repris leur cours au bruit des hurlements poussés sur le passage des charrettes funèbres, au son du rappel qui bat et du canon qui tonne; enfin, sous le multiple tapage des usines guerrières improvisées par toute la ville : fonte de boulets aux Chartreux ; fabrique de salpêtre aux Filles-du-Calvaire;

---

[1] Ed. et J. de Goncourt, *Hist. de la Société franç. pendant la Révolution*, p. 307.

[2] Il y avait encore, de la Râpée jusqu'à Passy, un certain nombre de ces bacs dont le fermage en bloc s'élevait à 36,000 livres, en 1799. (Beffroy de Reigny, *Dict. néolog.* au mot BAC.) Le principal, celui qui rapportait le plus, et dont le péager avait par conséquent le droit d'être le plus pimpant, se trouvait au bas du quai Conti, vers l'endroit où l'on jeta le Pont-des-Arts, en 1804. *V. les Numéros de Paris*, 1782, in-12, t. II, p. 26-28.—Pour ces *bacs* dont l'un des plus indispensables, établi dès 1550 à l'endroit où l'on bâtit le Pont-Royal en 1685, a donné son nom à la grande rue voisine, *V.* plus haut p. 65, 103, et nos *Variétés histor. et littér.*, t. IV, p. 193-194.

laminoirs et forets pour le canon, sur la Seine, au bas du quai de la Ferraille[1], etc.

Tout cela était en besogne et faisait son bruit, pour préparer la mort au loin sur la frontière, pendant qu'on ne cessait de tuer et de s'amuser par la ville !

Le jour de la mort de Louis XVI, spectacles et danses firent rage comme à l'ordinaire. Il n'y eut pas un seul relâche : l'Opéra joua *Roland* ; le Théâtre de la République, *les Folies amoureuses* ; la Montansier *le Sourd,* et Feydeau *le Médecin malgré lui*[2]. Au moment où tombait la royale tête, à deux pas du lieu de l'holocauste, à l'extrémité du Pont de la Révolution, on dansait[3] ! C'est pour ne pas interrompre, par un bruit sinistre, ces réjouissances, que l'ordre de tirer le canon du Pont-Neuf, à l'instant du supplice, fut contremandé. Et pourquoi en effet ce coup de canon ? dit Prud'homme, « la tête d'un roi, en tombant, ne doit pas faire plus de bruit que celle de tout autre scélérat ! »

Partout on fonda de nouveaux théâtres. La

---

[1] Blanvillain, le *Pariseum,* p. 188.
[2] Prud'homme, *Révolut. de Paris,* n₀ 185, p. 207.
[3] Ed. et J. de Goncourt, *Hist. de la Société franç. pendant la Révolution,* p. 170-171.

Cité eut le sien à quelques pas du Pont-Neuf, dans l'ancienne église de Saint-Barthélemy, en face du Palais. On l'appela d'abord *Théâtre d'Henri IV*[1] : « Ah ! mon Dieu, dirent les vieilles femmes du Marché-Neuf et de la place Dauphine, quel sacrilége de détruire ainsi l'église d'un apôtre ! — Dites donc, la vieille, se mit à répondre un des ouvriers du haut des échafaudages, est-ce qu'un bâtiment à la Henri IV ne vaut pas une église à la saint Barthélemy[2] ? »

On joua là, sous la direction de *Jeannot* et *Cadet-Roussel*-Beaulieu qui finit par se brûler la cervelle en 1805, un étrange salmigondis de drames et de farces, de *sans-culottides* et de gaudrioles, assez d'accord avec le singulier mélange de burlesque et de tragique à l'ordre du jour dans les événements de la Révolution.

Quoi qu'il arrivât, on y jouait toujours. Chaque soir, au sortir du spectacle, des gens étaient dévalisés sur le quai des Morfondus

---

[1] Brazier, dans son *Hist. des petits Théâtres de Paris*, au chapitre qui concerne (t. Ier, p. 152-164) le *Théâtre de la Cité*, a oublié de dire quel avait été son premier nom.

[2] Ed. et J. de Goncourt, p. 170-171.

ou sur le Pont-Neuf, par des bandes de nouveaux *tirelaines*, qui le jour faisaient le coup de main dans le Louvre[1]. En plein théâtre même on pouvait être volé à main armée, comme cela eut lieu un soir du mois de janvier 1797[2]. Le moindre danger à craindre était de ne pouvoir retrouver son chemin par l'obscurité, des garnements ayant, comme certaine nuit de mars 1797, brisé à coups de pierre tous les réverbères d'un quartier[3]; n'importe, on allait au spectacle. L'avertissement que la police faisait donner aux étrangers de ne pas se mettre en route, et même de sortir le moins possible le soir[4], n'était pas, à ce qu'il paraît, pour les Parisiens.

[1] *Journal de France*, messidor, an V.—Sous Louis XV déjà Paris était redevenu fort peu sûr la nuit. Casanova dit que de son temps il était dangereux de s'y attarder à pied. (*Mémoires*, édit. de Bruxelles, 1860, in-12, t. II, p. 207.)

[2] Peltier, *Paris*. Janvier 1797.

[3] *Le Grondeur*, mars 1797.

[4] Meyer, *Frag. sur Paris*.—L'affaire du courrier de Lyon eut lieu alors, et, pour le dire en passant, c'est par le juge de paix de la section du Pont-Neuf que le malheureux Lesurques fut arrêté. H. d'Audigier, *Joseph Lesurques contre le comte Siméon*, 1861, in-8°, p. 22.)

Quand tout commença de se calmer, en 1799, un autre théâtre, plus voisin encore du Pont-Neuf que celui de la Cité, le *Théâtre des Jeunes-Élèves*, fut établi rue de Thionville, en face de la rue qui, deux ans auparavant, avait été percée à travers les bâtiments des Augustins et à laquelle une de nos récentes victoires d'Italie avait fait donner le nom de rue du *Pont-de-Lodi*.

Pendant que plusieurs imprimeurs et libraires en renom : les Didot, qui avaient émigré des Galeries du Louvre, et de leur boutique du quai des Augustins *à la Bible-d'Or*, Dentu, dont le magasin de librairie était déjà établi aux Galeries de Bois, etc., s'installaient rue du Pont-de-Lodi, le menuisier Metzinger se taillait, en face, dans l'ancienne salle du *Musée de Paris* et du *club des Cordeliers*, le petit théâtre dont nous parlons.

Ce fut le théâtre Comte de ce temps-là, avec cette différence que les petits acteurs, ou comme on disait, *les jeunes élèves*, au lieu de jouer un répertoire spécial, jouaient tous les répertoires, même l'ancien. Beaucoup de ces artistes en miniature n'eurent qu'à grandir pour être des artistes célèbres. Firmin, Lepeintre jeune, Rose Dupuis sortaient des

Jeunes Élèves [1]. Une seule survit, vous dire qu'elle n'a presque pas vieilli depuis ce temps là, qu'elle pourrait presque jouer en 1861, les rôles qu'elle jouait en 1807, rue de Thionville, n'est-ce pas vous la nommer? c'est Virginie Déjazet [2]. Elle y était venue du *Théâtre des Jeunes Artistes* de la rue de Bondy [3], pour jouer *Fanchon toute seule,* alors, comme dit Brazier [4], « qu'elle n'était guère plus grande que sa vielle, etc. » Son succès allait bon train, quand au mois de juin 1807 l'Empereur s'étant pris d'un louable scrupule au sujet de ces petits théâtres d'enfants, celui de la rue de Thionville reçut et exécuta sans réplique l'ordre de fermer [5].

Le suicide de Beaulieu avait depuis deux ans forcé le *Théâtre de la Cité* d'en faire autant [6], et il ne restait plus par ici que les spectacles

---

[1] Brazier, *Hist. des Petits Théâtres,* t. Ier, p. 145-147.

[2] *Ibid.,* p. 150.

[3] Eugène Pierron, *Virginie Déjazet,* 1856, in-18, p. 22-23.

[4] Brazier, t. Ier, p. 150.

[5] Ce théâtre, en 1827, était converti en salle de bal. (Saint-Edme, *Paris et ses Environs,* t. Ier, p. 1001.) La belle maison bâtie à la place existait en 1838; elle porte le n° 24.

[6] Brazier, t. Ier, p. 162-164.

ordinaires, les spectacles en plein vent du Pont-Neuf : escamoteurs, empiriques, chanteurs et marionnettes. Polichinelle n'avait jamais cessé ses représentations, même pendant la Terreur. Fêté surtout aux boulevards et aux Champs-Élysées, il y restait de préférence, mais il revenait parfois aussi à son cher Pont-Neuf[1]. Toujours souple, toujours prompt à suivre l'esprit du temps, il se laissait guillotiner pour rire pendant qu'on guillotinait tout de bon, auprès de son théâtre : « A côté, dit *le Vieux Cordelier* de Camille Desmoulins[2], à côté du tranchant de la guillotine, sous lequel tombaient les têtes couronnées, et sur la même place et dans le même temps, on guillotinait aussi Polichinelle qui partageait l'attention. » Polichinelle est bien sans cœur, direz-vous, de rire ainsi de ce qui faisait tant pleurer ; mais c'est que les larmes, croyez-moi, n'étaient pas si abondantes. L'habitude d'en verser faisait qu'on n'en versait plus, et que même on riait presque, comme Polichinelle. Ceux qui allaient danser aux *Bals des Victimes* n'étaient pas plus affligés que lui : « Je vis, disait-il en l'une de ses parades

---

[1] *Le Livre des Cent et Un*, t. Ier, p. 98.
[2] N° 4, *Décadi*, 30 frimaire, an II.

du Pont-Neuf[1], je vis un beau jeune homme, et ce beau jeune homme me dit : Ah! Polichinelle, ils ont tué mon père! — Ils ont tué votre père? — et je tirai mon mouchoir de ma poche, mais, lui, se mit danser :

> Zig-zag don don,
> Un pas de rigodon. »

Un moment, sous l'Empire, on voulut faire revivre notre ami Brioché, le montreur de marionnettes du petit château Gaillard[2], mais ce ne fut pas au Pont-Neuf qu'on eut l'idée de ce réveil.

On n'aurait su quelle place y donner à ses *fantoccini* ressuscités. Depuis 1655, le château Gaillard, où se faisait leur montre, en face de la rue Guénégaud, avait été démoli, « comme empeschant l'ornement du quay[3], etc. » Il n'en restait plus, faisant saillie au coin de l'abreuvoir du Pont-Neuf, qu'une sorte de cul-de-lampe en encorbellement, sur lequel avait reposé la tourelle de

---

[1] Cité par l'Orléanais Ripault dans son curieux petit livre, *Une Journée à Paris*, an V.
[2] V. plus haut, p. 240.
[3] Leroux de Lincy, *Notice sur le Plan de Paris de Jacques Gomboust*, 1858, in-18, p. xv, note.

ce petit château, et que nous avons vu disparaître dans ces derniers temps [1].

Il fallait donc chercher un autre endroit pour remettre sur pied Brioché avec ses pantins ; pour lui faire raconter ses aventures : le combat de son singe avec Cyrano; ses pérégrinations par le monde, notamment son voyage à Soleure en Suisse, où, pris pour sorcier, il eût été brûlé vif sans la protection d'un certain capitaine Dumon [2], etc., etc. On chercha sur l'autre rive de la Seine où, vers 1676, Brioché avait émigré lui-même [3], et le lieu propre à ce réveil des marionnettes chantées par Boileau, protégées par Colbert, fut trouvé dans le Palais-Royal, qui déjà s'était

---

[1] *V.* plus haut, p. 240.

[2] *V.* d'Artigny, *Nouv. Mémoires d'hist., de polit. et de litt.*, t. V, p. 123, et aussi les *Mémoires* de M. L. C. D. R., 1688, in-8°, où dans la *Préface,* Sandras de Courtilz, qu'il faut croire cette fois, déclare qu'il tenait de Brioché lui-même le récit de l'aventure.

[3] Le 16 octobre 1676, il était établi dans le quartier Saint-Germain-l'Auxerrois, peut-être sur le quai de la Ferraille, et Colbert le recommandait à La Reynie contre le commissaire du quartier qui voulait le faire déguerpir. (*Corresp. administrat. de Louis XIV,* t. II, p. 562.)

attribué tant de choses de l'héritage du Pont-Neuf.

La Montansier prêta son théâtre, auquel fut alors donné le nom de *Jeux forains,* et Martainville se chargea de la pièce d'ouverture, qu'il intitula *la Résurrection de Brioché*[1]. Où trouver pour la jouer des marionnettes ayant bien la tradition du bon temps ? depuis plus d'un siècle on avait fait du feu avec les vrais pantins de Brioché. Il ne restait plus un seul des *bamboches* de son rival La Grille[2]; les troupes de Bertrand et de Bienfait aux foires Saint-Germain et Saint-Laurent étaient tombées en poussière; les vers avaient rongé même les marionnettes d'Audinot, les marionnettes de Nicolet, et jusqu'à celles du *Théâtre des Pantagoniens!* on finit pourtant par se souvenir que dans les greniers de la Montansier dormaient depuis 1786, les *petits comédiens de bois* que Homel et Gardin y avaient fait jouer deux ans sous la haute protection de M. le comte de Beaujolais. On alla

---

[1] *La Résurrection de Brioché, prologue mêlé de vaudevilles,* 1810, in-8°.—En 1753, Gaubier avait donné au Théâtre-Italien une parodie de *Pygmalion* sous le titre de *Brioché ou l'Origine des Marionnettes.*

[2] Ch. Magnin, *Hist. des Marionnettes,* p. 144.

réveiller ces Épiménides de sapin, on secoua leurs nippes légèrement fripées par un si long somme, et ils jouèrent la pièce de Martainville. Elle plut beaucoup [1], mais ses acteurs déplurent. Ils parurent trop grands pour des marionnettes, et leur accoutrement à la Pompadour sembla d'un anachronisme par trop ridicule dans une pièce du temps de Louis XIV. On les renvoya dans leur grenier où peut-être ils dorment encore [2].

C'était le temps où les sujets populaires, et le Pont-Neuf leur théâtre naturel, étaient devenus à la mode sur les scènes secondaires de Paris. En 1799, le très-obscur Jean Paquet avait fait jouer une farce où, sous le titre de *le Tondeur* [3], il mettait en action l'industrie en plein vent de ces pauvres diables, marchands et médecins de chats et de chiens, dont le plus célèbre a été immortalisé par Gouriet : lui, sa femme, son enseigne et son orthographe [4].

---

[1] *Mercure de France*, t. XLV (nov. 1810), p. 35.

[2] Dumersan, *Mémoires de mademoiselle Flore*, t. Ier, ch. v, p. 127.—Sur les marionnettes de Séraphin à cette époque, V. Henrion, *Encore un tableau de Paris*, an VIII, in-12, p. 58.

[3] *Catalogue de la Biblioth. Soleinne*, t. III, p. 64.

[4] Gouriet, *Personnages célèbres dans les rues de Paris*, 1811, in-8°, t. II, p. 313.

Voici l'enseigne, dont tant d'autres, sur le même pont, et pour la même industrie, n'ont été que plagiats inférieurs :

> JOSEPH LORIN
> TONS LÉ CHIEN
> VAT EN VILE COUPE
> LÉ CHA ET SA FAME
> LESSEZ
> VOTRE ADRECE

L'orthographe publique dont Caritidès devait être le réformateur eut-elle jamais plus d'invention? J'espère donc qu'on me saura gré de la reproduction de cet écriteau. Il manque au curieux et compatissant chapitre que J. Janin, en veine alors de sujets populaires, consacra, vers 1832, aux tondeurs du Pont-Neuf et à leurs caniches à vendre, « taillés et ciselés, comme le buis des jardins de Versailles [1] ! »

Deux ans après la pièce de Paquet, et bien avant celle de Martainville à la Montansier, au mois de ventôse an IX, il prit envie à un

---

[1] V. le *Livre des Cent et Un*, t. III, p. 226-230.

trio de coupletiers : Armand Gouffé, Chazet et Duval, de ressusciter un autre type du Pont-Neuf.

En leur qualité de chansonniers, c'est à un faiseur de chansons qu'ils pensèrent. Ils remirent sur pied *le Savoyard,* notre ancienne connaissance ; groupèrent autour de lui les quelques personnages, ses contemporains, que Boileau leur avait fait connaître : Crenet, le cabaretier, Tabarin, Colletet, du Broussin, Boileau lui-même, et sans que leur esprit eût pris d'autre peine que celle de tourner quelques couplets, et de filer quelques scènes plus ou moins grivoises, on eut au théâtre de la rue de Chartres le vaudeville *Philippe-le-Savoyard ou l'origine des ponts-neufs.* Ils avaient mis Philippe pour Philippot qui était le vrai nom du chanteur, mais c'était à son sujet le moindre de leurs changements. De vieux ils l'avaient fait jeune; d'aveugle, clairvoyant ; et au lieu de ses gaudrioles salées dont nous avons donné plus haut un faible avant-goût [1], ils lui avaient fait chanter des couplets douceâtres, dans le genre de celui-ci :

---

[1] *V.* p. 215-217.

> Du jardin de la vie
> La femme est l'ornement ;
> C'est la rose chérie
> Que l'épine défend :
> La piqûre chagrine,
> Voyez le grand malheur !
> Le mal que fait l'épine
> Est guéri par la fleur.

C'est à Tabarin, son rival malheureux près de la cabaretière madame Crenet, que le Savoyard aurait chanté ce joli couplet, en réponse à celui-ci :

> La femme est une rose,
> Dont la fraîcheur séduit ;
> Le papillon s'y pose,
> Il se blesse et s'enfuit ;
> Son destin me chagrine,
> Je dis avec douleur :
> Ah ! faut-il que l'épine
> Soit si près de la fleur !

N'oubliez pas encore une fois que celui à qui l'on fait chanter ces fadeurs est le même Tabarin, le Tabarin si épicé que vous connaissez !

Un pauvre diable avait bien mieux en ce temps-là, sur le Pont-Neuf même, la tradition inaltérée du vrai *Pont-Neuf*. C'était Duverny, aveugle, comme le Savoyard, gai comme lui ; mais plus fin, moins ordurier, sans pourtant se dispenser d'être légèrement grivois. Il fut le plus célèbre des chanteurs des rues en son temps. Duchemin, Lajoie ne brillaient guère auprès de lui, et ni Cadot, ni Aubert, ni Collaud, qui vinrent ensuite, ne purent l'éclipser[1]. Notez de plus qu'au talent de tourner galamment une chanson, il joignait, bien qu'il fût aveugle, l'art de faire en public des tours de cartes, « si subtilement exécutés, dit Gouriet[2], que souvent ce sont les spectateurs qui n'y voient goutte. »

Comme son talent de chansonnier est ce qui nous importe le plus, nous allons vous en donner un échantillon en trois ou quatre couplets. Voici par exemple sa chanson : *l'Aveugle sans chagrin*, qu'il chantait sur l'air : *Au coin du feu* :

>Je suis heureux sans doute,
>Ami, de n'y voir goutte,
>Car c'est un bien.
>Restons comme nous sommes,
>Du mal que font les hommes,
>Je ne vois rien.

---

[1] Brazier, *la Chanson et les Sociétés chantantes*, dans le *Livre des Cent et Un*, t. II, p. 115.

[2] *Personnages célèbres dans les rues de Paris*, t. II, p. 328.

Assis près d'Armandine,
Souvent je la lutine,
Car c'est un bien.
Me pousse-t-on du coude,
Fait-on celle qui boude,
Je n'y vois rien.

Souvent elle se sauve
Jusqu'au fond de l'alcôve;
Je la suis bien.
« Finis, tu me chiffonnes,
Mais je te le pardonne,
Tu n'y vois rien. »

N'est-ce pas de la vraie chanson des rues et de la meilleure? Rien n'y manque, même les fautes de rime. Voici ce qui ne vaut pas moins : un couplet de la gaudriole de Duverny *l'Heureux Vigneron :*

Le Ciel m'a cru digne
Du souverain bien :
J'ai femme, j'ai vigne,
Je ne veux plus rien.
Quel mortel au monde
A moins de souci?
Ma vigne est féconde
Et ma femme aussi [1].

Voilà certes de francs couplets! Pour en

---

[1] Gouriet, *Personnages célèbres dans les rues de Paris*, t. II, p. 328.

trouver de pareils, nous fouillerions vainement la plupart des pièces des coupletiers de l'époque, même celles dont la scène était pourtant sur le vrai théâtre de la chanson : même *Bayard au Pont-Neuf*, cette parodie jouée en 1802 [1], quand on avait transporté du Théâtre-Français à l'Odéon la comédie de Monvel, *les Amours de Bayard* ; même aussi un petit acte plus célèbre, *la Matinée du Pont-Neuf*, qui fut donné au Vaudeville en 1806.

Ils s'étaient mis quatre des plus habiles faiseurs de couplets, pour ce tableau qui promettait d'être populaire, et qui n'eut cependant pas grand'chose du véritable esprit du peuple. Ces *coupletiers* étaient : Francis, Dieulafoy, Désaugiers et ce pauvre Emmanuel Dupaty, à qui, lorsque l'Académie française le reçut, on fit presque un crime de ses chansons, de ses vaudevilles, peut-être surtout de sa part dans celui-ci. — « Jusqu'à présent, dirent les plaisants, on avait pris le Pont-des-Arts pour arriver à l'Institut, il paraît que maintenant on y arrive par le *Pont-Neuf* [2] ! »

[1] Le 21 juillet.
[2] L. Lurine, *les Rues de Paris*, p. 340.

Un écrivain des plus féconds de ce temps-là, Joseph Rosny, qui avait fait des livres sur mille sujets disparates : sur les antiques Eduens et Bibracte leur capitale; sur les Druides, sur Estienne Boileau, sur la littérature de la France au XIIIe siècle; sur Florian, sur le Palais-Royal, voulut, pour ajouter à la variété de ses œuvres, se donner un sujet aussi varié à lui tout seul que la longue série de ses vingt ou trente volumes; il choisit le Pont-Neuf. Au commencement de prairial an X, ou si vous aimez mieux à la fin de mai 1802, il fit paraître un petit volume in-18, portant ce titre : « VOYAGE AUTOUR DU PONT-NEUF FORMANT SUITE A LA COLLECTION DES VOYAGES DE LONG COURS. »

Un jour on avait écrit à Voltaire que son portrait se vendait chez Odieuvre au bas de la Samaritaine [1] : « Cela, répondit-il, veut dire, je crois, près du Pont-Neuf. Il est juste que je sois avec mon héros [2]. » Il voulait dire avec Henri IV. Joseph Rosny fit de même pour son livre. Il voulut que le libraire chargé de le vendre ne l'éloignât pas de son sujet. C'est

---

[1] *V.* plus haut, p. 275.
[2] *Alman. litt.*, 1791, p. 59.

au coin de la place de l'École et du quai du même nom, dans la boutique de Le Marchand, en vue même du Pont-Neuf, qu'on l'achetait.

Nous allons, à la suite de J. Rosny, recommencer, s'il vous plaît, son voyage, en nous servant de ce qu'il a dit, en ajoutant ce qu'il a oublié, mais en tâchant cependant d'aller plus vite que lui.

Souvenons-nous que nous sommes en 1802. Il n'y a encore au milieu de la place Dauphine, ou plutôt de Thionville, qu'un monument inachevé : la fontaine triomphale et tumulaire décrétée depuis deux ans à la gloire de Desaix, dont 27,000 francs versés par des souscripteurs, 19,000 donnés par l'armée d'Égypte ont couvert la dépense [1]; et dont, après un concours ouvert en 1801, Percier a dû faire les dessins et Fortin la sculpture. Rien n'est fini encore, mais dans un an tout le sera. Le 25 prairial an XI, jour anniversaire de la victoire de Marengo, qui a vu mourir Desaix, le Premier Consul inaugurera ce monument encore debout, sur les flancs duquel, au dessous des inscriptions qui rap-

---

[1] *Le Nouv. Pariseum*, 1811, in-12, p. 142-145.

pellent les exploits du héros, s'étalent les noms des souscripteurs, en de longues listes gravées sur le marbre, qui firent bien rire l'Allemand Kotzebue [1].

Sur la place, les orfèvres sont moins nombreux, mais on y trouve pourtant encore plusieurs de leurs boutiques brillantes qui continuent d'attirer une certaine affluence d'acheteurs. Un jour de l'année, le 13 mars, la foule est plus grande sur la place Dauphine. On y remarque un certain nombre d'hommes tous vêtus de noir, tous recueillis et paraissant pour la plupart appartenir aux classes distinguées de la société. Qui sont-ils ? que viennent-ils faire là ? Ce sont les derniers chevaliers du Temple. Par ce pèlerinage sur la place qui fut cette *île aux Juifs* [2], où le 13 mars 1313 on brûla le grand maître du Temple et ses chevaliers, ils rendent chaque année un suprême hommage à leur mémoire [3].

Si les orfèvres ont un peu déserté la place Dauphine, ils sont encore en nombre sur

---

[1] *Souvenirs de Paris*, 1805, in-12, t. II, p. 83.
[2] *V.* Voir plus haut, p. 43-44.
[3] Barginet (de Grenoble), *le Pont-Neuf et l'Ile aux Juifs*, dans *le Livre des Cent et Un*, t. IV, p. 95, 102.

leur quai. La force du pouvoir nouveau les rassure contre toute tentative de pillage, et cette tranquillité leur fait prendre en patience l'impôt du Contrôle dont la suppression, qu'ils ont souvent demandée[1], leur eût peut-être été accordée par le gouvernement révolutionnaire.

L'une des plus anciennes maisons et toujours l'une des plus riches est celle des Chéret[2], dont on parlait tant déjà, bien avant la Révolution, à cause des beaux vases qu'on y ciselait[3] ; qui faillit être inquiétée pendant la Terreur, parce que le bruit courait que nuit et jour on y fondait de l'argent en lingots[4], mais qui sortie enfin de ces angoisses, est plus que jamais brillante et richement achalandée.

Sur le quai et dans la tour même de l'Horloge, voici la boutique de Chevalier, dit l'*Ingénieur,* qui s'est établi là en 1804. A sa porte est déjà le fameux thermomètre où les badauds, surtout ceux du Palais, viennent

---

[1] *Réimpress. du Moniteur,* t. VI, p. 110.
[2] Blanvillain, *Pariseum,* 1802, in-12, p. 188.
[3] *Mémorial de l'Europe,* 1785, in-12, p. 91.
[4] Ed. et J. de Goncourt, *Hist. de la Société franç. pend. la Révolution,* p. 228.

savoir s'ils doivent avoir chaud ou froid [1]. Tout près, au n° 31 du quai, se trouve la maison bien plus ancienne et plus sérieusement célèbre de notre vieille connaissance, Jacques-Vincent Chevalier, dont le fils émigrera en 1832 au Palais-Royal, pour continuer la gloire de cette maison, qui n'eut jamais besoin, comme l'autre, des bagatelles thermométriques ou barométriques de la porte.

Voici encore la boutique de Charles, un autre célèbre opticien [2]; puis celle de Le Rebours, dont la renommée commence [3]; puis celle encore du savant mécanicien Lenoir, dont la collection de mécaniques est si célèbre [4]. Auprès est la *fabrique de crayons* d'Hubert [5], où l'on trouve à bon marché ce qui jadis se payait si cher, rue Dauphine,

---

[1] *Mercure de France* (juin 1811), t. XLVII, p. 464, et t. XLVI, p. 502.—Chevalier, l'ingénieur mécanicien, qui prit part à la révolution du 12 germinal an III, (*Réimpress. du Moniteur*, t. XXIV, p. 259, 326), et qui fut exécuté comme complice dans l'affaire de la machine infernale, n'était ni de cette famille ni de celle de Vincent Chevalier.

[2] Blanvillain, p. 192.

[3] *Ibid.*

[4] *Ibid.*, p. 219.

[5] *Ibid.*, p. 221.

chez Salmon, au *Portefeuille anglais*[1], ou chez Granchez, au *Petit-Dunkerque*, sur le quai Conti.

Cette dernière maison alors n'a rien encore perdu de sa célébrité, malgré la concurrence que le Palais-Royal fait au Pont-Neuf. C'est toujours là que les délicats viennent s'assortir de tous ces petits riens ruineux dont le nouveau luxe est aussi avide que l'ancien. Sous l'Empire, par exemple, la première visite du prince Camille Borghèse, sitôt son arrivée à Paris, était toujours pour le *Petit-Dunkerque* [2]. A l'époque des étrennes, c'était aux environs une foule de gens et une file d'équipages dont ne donne même pas une idée ce qu'on voit aujourd'hui aux alentours des magasins de Susse et de Giroux. « Parmi tant de magasins fameux, écrivait un rédacteur du *Mercure,* le 29 décembre 1810 [3], il en est un plus particulièrement en possession, du moins à cette époque, de fixer tous les goûts, de réunir tous les suffrages, et de vider toutes les bourses... Nous voulons parler du célèbre PETIT-DUNKERQUE. C'est là que se trouvent

[1] *Le Vieux-Neuf,* t. II, p. 22.
[2] Blangini, *Mémoires,* p. 184, note.
[3] T. XLV, p. 480.

rassemblées les productions industrielles de toute l'Europe. C'est là que le génie des petites choses s'est épuisé à varier les formes, à multiplier les combinaisons, etc... Nous n'avons, ajoute l'auteur, ni le temps, ni l'espace nécessaire pour parler avec plus de détail de ce magasin renommé. Il nous suffira de consigner ici la remarque que la vogue dont il jouit est telle, qu'il y a rarement une file de voitures aussi longue aux théâtres des boulevards, et que, dût-on mentir, on ne peut se dispenser, en donnant pour étrennes la moindre bagatelle, d'assurer qu'elle sort des magasins du Petit-Dunkerque. »

Depuis que cette vogue a cessé et que le *Petit-Dunkerque* a disparu, les étrennes ne sont plus si brillantes sur notre pauvre Pont-Neuf. Pendant longtemps encore, durant et après la Restauration, il put se donner à l'époque du jour de l'an, la gaieté de cette jolie *foire des jouets* [1] qui, du 15 décembre au 15 janvier se tenait sur son terre-plein, tout à

---

[1] C'était un héritage de la foire Saint-Germain, supprimée un peu avant la Révolution, et qui avait eu pendant des siècles le monopole des jouets d'enfant. Au xve siècle, c'est au Palais qu'on les vendait, suivant Astezay. (Leroux de Lincy. *Intro-*

l'entour de la nouvelle statue d'Henri IV [1].

C'était plaisir de voir l'image du bon roi se faire pour ainsi dire accueillante et souriante à l'affluence enfantine [2]. Le *sinite ad me venire parvulos* convenait si bien à ce roi bon enfant que tout le monde, grands et petits, avait tant aimé ! Depuis tantôt vingt-cinq ans, par malheur, les marchands de jouets ont cessé de venir au Pont-Neuf [3]. Plus de joujoux, plus de bambins, plus de gaieté ! Depuis lors la statue est plus triste. Ce mois de fête pour les enfants fut sa dernière joie. Le Roi de Bronze, maintenant si solitaire, semble atteint de la nostalgie du bruit qu'il n'entend plus. On dirait qu'il se meurt d'ennui !

Que n'était-il là déjà, au temps dont nous

duct. à la Descript. de Paris, par G. de Metz, p. XIX.) On en vendait aussi au Pont-au-Change. V. *Remonstrances au feu roy Loys unzième*, in-4° goth., art. 72. —Les soldats de plomb, en costume du temps de la Ligue, que possède M. A. Forgeais, ont été trouvés dans la Seine, au bas de ce pont.

[1] *Le Livre des Cent et Un*, t. IV, p. 93.

[2] Une lithographie publiée par Giraldon-Ravinet avec cette mention : *London I January*, 1829, représente la *Foire des jouets* au terre-plein du Pont-Neuf.

[3] Fréd. Locke, *Guide alphabétique des rues et monuments de Paris*, 1855, in-18, p. 270.

parlons ! Lorsqu'en 1802, Rosny faisait autour du Pont-Neuf, ce voyage que nous recommençons avec lui, les quais voisins étaient malpropres, mais ils étaient vivants. Depuis celui de Gèvres, que les travaux faits sous Louis XVI n'avaient pas suffi à rendre complétement praticable [1], jusqu'à celui de la Ferraille, la voie était, il est vrai, encombrée par une file de sales échoppes, où des vagabonds se cachaient à la brune pour vous guetter au passage ; mais si l'on y tuait la nuit, on y riait bien le jour derrière les haillons qui s'y voyaient en vente [2]. Le marché aux Fleurs, qui ne fut transféré que sept ans après [3], à l'ancien *port aux Œufs* [4] devenu le *quai Desaix*, jetait d'ailleurs trois fois la semaine parfums et gaieté sur le quai de la Ferraille.

« N'était-ce pas, dit un chroniqueur du temps [5], n'était-ce pas plaisir de voir tous les mercredis et samedis une foule de jeunes

---

[1] *Mém. secrets*, t. XXXIII, p. 36. — Blanvillain, p. 273.
[2] *Mercure*, nov. 1810, t. XLV, p. 33.
[3] *Ibid.*, nov. 1809, t. XXXIX, p. 112.
[4] Champion, *Hist. des Inondations*, t. Ier, p. 61. — *Mercure*, t. XLV, p. 146-147.
[5] *Ibid.*, t. XLVI, p. 502.

et fraîches soubrettes venir avant le lever de Madame faire l'acquisition de ces gerbes de fleurs qui décorent une maison élégante depuis l'escalier jusqu'au boudoir? » De l'autre côté, sur le quai des Augustins, et à l'extrémité méridionale du Pont-Neuf, où les marchands de volailles faisaient en pleine chaussée leur étalage [1], l'encombrement quotidien était moins riant et moins frais ; mais c'était de la vie encore, du mouvement, de l'animation. En 1811, on claquemura tout cela sous l'immense halle qui existe encore et dont l'ancienne église des Grands-Augustins a fourni l'emplacement [2].

Les fêtes de l'Ordre du Saint-Esprit s'y donnaient autrefois, comme vous le savez [3]. Pendant longtemps les promotions de l'Ordre

---

[1] *Mercure*, t. XLV, p. 147. — Le marché au pain et à la viande s'était longtemps tenu sur le quai. V. une estampe indiquée dans le *Catalogue* de M. Leroux de Lincy, 2ᵉ partie, p. 101.

[2] Une halle de ce genre avait été projetée en 1673. On l'eût bâtie près du Châtelet, afin de remédier à l'encombrement de la *Vallée de Misère*. Un arrêt fut rendu le 23 août 1673, à ce sujet. L'entreprise, à la tête de laquelle se trouvait le marquis de Sourches, n'eut cependant pas de suite.

[3] *V.* plus haut, p. 95.

ne s'étaient pas faites ailleurs ; aussi de mauvais plaisants dirent-ils que pour donner au nouveau marché sa véritable enseigne, il n'y avait qu'à pendre au-dessus de la porte les insignes du Saint-Esprit, si souvent fêté au même endroit : un vieux cordon bleu, avec sa plaque, ornée du saint pigeon.

D'autres, non moins amis des rapprochements, disaient que ce marché de la volaille était fort bien placé tout près du Pont-Neuf, où les *banquistes* plumaient tant de dupes; et à deux pas de la maison de jeu de la rue Dauphine, où le banquier de la Roulette étripait tant de joueurs. Cette maison de jeu, qui était magnifique et spacieuse avec beaux appartements et vaste jardin dont l'ombrage s'étendait jusqu'à la rue Mazarine, ne disparut qu'en 1826 [1].

On perça sur son terrain le passage Dauphine, où quatre ans après, le 27 juillet 1830, des ouvriers imprimeurs, réunis chez le libraire Joubert, organisèrent une des premières résistances contre les ordonnances de Charles X [2]. Les balles leur man-

---

[1] Saint-Edme, *Paris et ses Environs*, 1827, in-8º, t. Iᵉʳ, p. 1000.
[2] Louis Blanc, *Hist. de Dix Ans*, 2ᵉ éd., t. Iᵉʳ, p. 202.

quaient, mais ils y suppléèrent. Quand on visita les plaies des blessés de l'armée royale, on trouva que plus d'un portait enfoncés dans la poitrine, non des balles, mais des caractères d'imprimerie [1]. C'étaient les ouvriers du passage Dauphine, partis en tirailleurs vers le quai de la Cité [2], qui les avaient criblés avec la mitraille de leur métier!

Le destin est parent du hasard. Celui-ci n'est même à vrai dire que le bâtard de celui-là. Tout près de l'endroit où l'un était tenté à toute heure, l'autre n'était pas moins fréquemment consulté. Au fond d'un bouge de la rue d'Anjou-Dauphine, le cul-de-jatte Martin tenait ses assises divinatoires [3]. En ce temps d'incertitude, où le matin on doutait du soir, il n'était personne qui ne vînt lui demander son lendemain [4]. Si l'on n'était pas assez riche pour payer Martin, car il vendait

---

[1] Louis Blanc, *Histoire de Dix Ans*, 2ᵉ édition, t. Iᵉʳ, p. 224.

[2] *Ibid.*, p. 208.

[3] Ch. Pougens, *Mémoires*, p. 196. — Déjà, sous Louis XIV, en 1689, un nommé Montecati s'était fait devin, rue Dauphine. On le fit partir. (*Corresp. administ. de Louis XIV*, p. 582.)

[4] Ed. et J. de Goncourt, *Histoire de la Société franç., pendant le Directoire*, t. II, p. 234, 237.

cher ses présages, il fallait s'adresser au devin du Pont-Neuf. Lui-même d'ailleurs vous y renvoyait. Il avait son échoppe de consultations à l'entrée du quai de l'Horloge [1]. Le destin malheureusement avait là quelque peine à se faire entendre. Il n'y parlait par la voix du sorcier qu'avec l'accompagnement de tous les tapages voisins : au son de la bruyante harmonie du *musicien des promenades* [2] ; au bruit du monotone récitatif du marchand d'encre : *C'est moi, v'là qu'c'est moi, c'est lui, v'là qu'c'est moi, comme ça, madame, on n'en a jamais vu comme ça,* etc. [3] ; aux longues clameurs de la foule rangée en cercle autour du batoniste qui faisait sauter la pièce [4] ; et aux continuels roulements de voix du marchand de pierres à briquet, criant à plein gosier : *N'oubliez pas en passant des pierrrres à brrrriquet, qui rrrrrrrrrendent la lumièrrrrrrrrre à volonté* [5].

---

[1] Gouriet, *les Personnages célèbres dans les rues de Paris,* t. II, p. 233-235.

[2] *Ibid.,* p. 235 et 242.

[3] *Ibid.,* p. 312. — Nous avons entendu dans notre enfance un marchand de cirage de la Chaussée-d'Antin qui avait gardé ce cri étrange.

[4] Gouriet, t. II, p. 335.

[5] *Ibid.,* p. 314.

Le hasard avait aussi ses adeptes et ses marchands sur le Pont-Neuf. On n'y jouait plus à la banque, comme du temps d'Henri IV[1], mais ce qui revient au même, on y tirait à la loterie. Un bureau avait été installé dans un des pavillons, et de pauvres gens qui, pour mieux représenter la déesse Fortune qu'on y venait tenter, étaient aveugles comme elle, vous offraient dans les environs des billets à acheter. Un de ces aveugles, grand et sec, se tenait tout le jour devant la Samaritaine, poussant le même cri, faisant le même geste, et tendant aussi toujours le même billet, car, hélas ! on ne lui achetait guère.

Un autre plus vif, plus alerte, ayant la langue mieux pendue, faisait fortune au contraire. Précédé de son chien, et conduit par une jeune fille assez jolie, qui traînait la petite voiture où se trouvaient la Destinée, le Hasard et leur bagage, courait chaque jour, du matin au soir, le Pont-Neuf et les quais voisins. De son nom, il s'appelait Bérenger, et de son surnom : l'*Aveugle du Bonheur*[2]. Il

---

[1] *V.* plus haut, p. 121.
[2] *Souvenirs de Paris en 1804*, t. Ier, p. 67.

avait un telle prestesse d'esprit, une telle volubilité de babil que Kotzebue, qui l'entendit, ne put s'empêcher de dire : « Dans une autre situation, cet homme serait certainement devenu un habile orateur.[1] » Vouliez-vous savoir votre bonne aventure, pour deux sous il vous la disait, en homme qui ne voyait goutte ici-bas que pour mieux voir là haut. Vous fallait-il un billet de loterie, il mettait en mouvement sur sa petite voiture ce qu'il appelait la *Chaîne d'or de la Destinée,* et en un tour de manivelle, vous aviez votre affaire. « Cette chaîne magnifique, dit Kotzebue, composée de quatre-vingt-dix espèces de cartouches, en papier doré, est montée sur une roue.... Vous choisissez une de ces cartouches, ou tiges, l'aveugle l'ouvre, et le numéro qu'elle renferme fait encore une fois votre bonheur. »

Bérenger fut longtemps l'homme le plus célèbre du Pont-Neuf et des quais. Tout le monde le venait voir. Ceux même qui ne croyaient pas en lui se donnaient le plaisir de le consulter, rien que pour l'entendre. On dit que Ney, Murat, Bernadotte et beau-

---

[1] *Souvenirs de Paris en 1804,* t. Ier, p. 65.

coup d'autres des plus huppés de l'armée l'interrogèrent maintes fois avant d'entrer en campagne. *L'Aveugle du Bonheur*, son chien, sa petite voiture et la jolie fille qui la trainait, étaient en un mot connus de tout Paris.

Un jour de l'année 1805, on fut bien étonné. Quoique la foule promit d'être grande sur le Pont-Neuf, et par conséquent la recette bonne, car on était au mardi gras, on ne les avait pas vus paraître. Que s'était-il donc passé ? un drame.

Bérenger, qui était jeune encore, s'était pris d'amour pour sa petite compagne. On lui avait dit qu'elle était jolie, et il s'était laissé aller à le croire, puis à aimer. Louise était d'ailleurs pour lui d'une douceur et d'une bonté angéliques, à ce point même qu'on aurait pu penser qu'elle partageait ses sentiments, ce qui n'était pas; elle aimait ailleurs. Bérenger fut le premier qui s'en aperçut. A défaut de clairvoyance, il avait la jalousie, qui voit trop toujours, mais qui voit du moins.

Celui que préférait Louise était un jeune ouvrier nommé Pinson, dont la tante, aveugle comme Bérenger, avait, comme lui, sa cham-

48.

bre aux Quinze-Vingts. Pinson venait voir sa tante, Louise venait chercher ou ramener Bérenger; on se rencontrait, on se regardait, et à force de rencontres et de regards, on finit par s'aimer et par se le dire. L'aveugle devina tout cela. Comment s'y prit-il ? je ne sais ; mais il avait si bien vu sans voir, que déjà il cherchait à se venger et qu'il en avait trouvé le moyen.

Madame Pinson donnait tous les ans, le lundi gras, une petite fête dans sa chambre. Elle y invitait amis et parents, et cette année-là elle invita Louise, qui était déjà une amie et qui peut-être serait bientôt de la famille.

Au milieu de la soirée, Louise, qui pour être agréable à sa future tante, prenait dans le ménage quelques petits soins que ne pouvait prendre la pauvre aveugle, s'étant aperçue que le feu du poêle s'éteignait, voulut y mettre une bûche. Celle qu'elle choisit était si lourde qu'elle la laissa choir; la bûche, en tombant, s'ouvrit en deux, et joncha le carreau de la chambre de poudre et de mitraille. Grande rumeur, effroi général qui de la chambre, où l'on avait été si réellement en danger, gagne bien vite toute la maison. Le directeur défend qu'on ne sorte et ordonne sur-le-champ une enquête. On examine la mitraille répandue sur le plancher, on la trie soigneusement, et au milieu de clous et de morceaux de fer, on trouve les écrous de la petite voiture de Bérenger, qu'il avait lui-même démontée trois jours auparavant. Sur ce premier soupçon, on s'empare de lui, quoiqu'il nie bien fort ; puis, poussant plus loin l'information, on arrive à découvrir que peu de temps auparavant, profitant d'une absence de Louise, il s'était fait conduire, en se rendant des Quinze-Vingts au Pont-Neuf, chez un menuisier de la rue des Tournelles, et que celui-ci, à sa prière, avait creusé la bûche dont il s'était fait une machine infernale.

Le procès, avec de telles preuves, n'était pas difficile à instruire et ne pouvait être long. Bérenger fut bientôt jugé et condamné à mort. Mᵉ Bellart, son avocat, avait énergiquement plaidé pour lui : son infirmité qui en rendant son crime étrange semblait le rendre aussi plus pardonnable ; ce qu'on savait de sa vie si honnête, de sa bienfaisance pour des camarades plus pauvres que lui, avait encore plaidé plus éloquemment que l'avocat, et cependant le jury conclut à la peine capitale. Les *circonstances atténuantes* n'existaient pas encore.

Tout fut mis en œuvre pour obtenir la grâce de l'aveugle. Les plus hauts personnages, suppliés par l'aumônier de l'hospice, s'entremirent auprès du ministre de la justice ; malheureusement l'Empereur voyageait alors dans le nord de l'Italie et le ministre n'osa rien décider. Il ne put que faire surseoir à l'exécution et ordonner que l'échafaud déjà dressé à la Grève fût enlevé. Des dépêches furent expédiées à l'Empereur par le courrier ordinaire et l'on attendit. Quinze jours se passèrent sans réponse. Le procureur général, pensant que ce silence était un refus de grâce, fit alors dresser l'échafaud pour la seconde fois. L'inexorable justice eut son cours.

Quand, six semaines après, l'Empereur revint à Paris, on lui dit tout : le sursis accordé dans l'attente de sa réponse, l'envoi des dépêches, etc. Il déclara n'avoir rien reçu. On chercha, et les dépêches furent en effet retrouvées cachetées [1].

---

[1] V. sur cette douloureuse affaire un feuilleton du *Droit*, fin décembre 1842, et Gouriet, *Personnages célèbres dans les rues de Paris*, t. I*er*, p. 322-323.

Le drame de *l'Aveugle du Bonheur*, de ses amours, de sa vengeance et de son supplice, resta la plus poignante des légendes du Pont-Neuf qui en avait tant d'autres, mais gaillardes pour la plupart, et ne tirant qu'au comique. C'était assez d'une tragédie sur un theâtre si joyeux depuis qu'on n'y jouait plus de révolutions.

On y contait par exemple, mais comme anecdote déjà bien vieille, l'aventure de ce bon M. Galland, des *Mille et une Nuits*, qui logeant au bout de la rue Dauphine, tout près du pont[1], fut une nuit d'hiver réveillé en sursaut par un grand bruit de voix criant sous ses fenêtres : « Monsieur Galland ! Monsieur Galland ! » Il eut la bonhomie de venir voir ce que c'était. Les braillards de la rue le laissèrent pendant quelques minutes grelotter à sa fenêtre, puis l'un d'eux prenant enfin la voix câline du Calife, parlant à Shéerazade, lui dit : « Monsieur Galland, puisque vous ne dormez pas, contez-nous donc un de ces contes que vous contez si bien ? » A la manière dont M. Galland referma sa fenêtre, on vit qu'il ne trouvait pas plaisant ce chapitre ajouté à ses *Mille et une Nuits*.

[1] Saint-Edme, *Paris et ses Environs*, p. 1000.

M. Galland, s'il eût voulu, aurait pu orientaliser en voisin avec bien des gens du Pont-Neuf. Tous en effet, à les entendre, venaient des pays qu'il connaissait si bien. Il n'en était pas un, même de son temps, qui ne prétendît arriver du fond de l'Asie, avec une cargaison de secrets merveilleux, « se disant, écrit un historien de ces *banquistes* [1], se disant estre quelque Arabe, ou quelque juif converti, il se feignoit médecin du roi de Perse, et comme tel, il montoit la *banque*. »

> Il vendoit au plus juste prix,
> Les plus jolis secrets appris
> *E tutto per cinque soldi* [2].

De ces médecins du roi de Perse, laissés sur le pavé par cette majesté ingrate et peu civilisée, il resta.... l'illustre *poudre persane !*

[1] *Histoire générale des Larrons*, Lyon, 1664, in-8°, liv. Ier, ch. XXIX. — « Mais, lit-on aussi dans le *Discours de l'origine des mœurs, fraudes et impostures des Ciarlaiens*, etc., c'est chose plaisante de voir l'artifice dont se servent ces médecins de banc pour vendre leurs drogues, quand, avec mille faux serments, ils affirment d'avoir appris leurs secrets du roy de Danemarc, ou d'un prince de Tanssilvanie... » (*Œuvres complètes de Tabarin*, édit. Elzévir., t. II, p. 236.)

[2] Furetière, *le Voy. de Mercure*, 1653, in-4°, p. 10.

Pinetti la vendait, en 1784, sur le Pont-Neuf, Pinetti, de qui l'on racontait tant de tours miraculeux, Pinetti, dont certains livres d'escamotage ont gardé le nom, Pinetti, qui, certain soir, mandé à la cour, enleva au duc d'Orléans.... sa chemise sans qu'il s'en aperçût [1] !

De ses mains d'escamoteur, la fameuse poudre, qui elle-même escamotait si bien, car dès qu'elle avait touché les dents, tartre, tache, malpropreté de toute sorte n'y paraissaient plus, la divine poudre persane passa aux mains de Miette et devint le secret de sa dynastie. Le père, surnommé le *Dragon de Paris*, était physicien sur les boulevards, avec une large baraque « remarquable au dehors, dit Gouriet [2], par un écriteau chargé de toutes sortes de termes en *ique*, ce qui prouve assez qu'au dedans, tout doit être magique. » Moins fier, Miette le fils revint au Pont-Neuf. Il y fit fortune. Qui ne se souvient de lui avoir entendu crier de sa plus belle voix où vibrait la noble satisfaction de soi-même : « Où je loge, messieurs et mesdames ? où je loge ? chez le marchand de vin ! pour mieux dire, le marchand de vin loge chez moi ! » La maison où

---

[1] Gouriet, t. II, p. 324.
[2] *Ibid.*, p. 326.

il demeurait rue Dauphine était à lui. « C'est, ajoutait-il les jours de bonne humeur, en se passant la langue sur les lèvres pour déguster son calembour, c'est une des *propriétés* de la poudre persane..., mais ce n'est pas la meilleure, non messieurs, elle en a une multitude d'autres. » Là dessus, dans un incomparable *pallas* renouvelé de ceux de Pinetti, et dont M. Champfleury a recueilli le texte avec une pieuse exactitude [1], il faisait le *boliment* de sa poudre, au grand ébahissement de chacun, même de sa femme qui l'entendit trente ans, et s'extasia le dernier comme le premier jour.

Miette eut souvent d'illustres auditeurs, mais aucune visite ne le flatta plus que celle de Carle Vernet, qui l'appela son ami, et lui fit sa caricature. Il n'en parlait que la larme à l'œil. « Ah ! disait-il souvent, quand il pensait à ces hommages rendus à sa gloire, c'est qu'un escamoteur est pétri du même limon qu'un maréchal de France ! » Il avait aussi parfois des élans d'orgueil dynastique : « Je n'emprunte le nom à personne, criait-il, je me nomme du mien; je suis Miette, l'un des sept fils du *Dragon de Paris*. Feu mon père

---

[1] Champfleury, *les Excentriques*, 1856, in-18, p. 334-342. — J. Rosny, *Voyage autour du Pont-Neuf*.

était escamoteur, mon frère était escamoteur, je suis escamoteur ! » Par malheur il ne pouvait ajouter : « Mon fils sera escamoteur ! » Le ciel refusa cette joie à son cœur, et cette gloire au Pont-Neuf.

Quand Miette mourut, il y a tantôt dix-sept ans [1], il mourut tout entier, lui et sa dynastie. C'était un vaste lambeau du Pont-Neuf qui s'en allait, en attendant que le Pont-Neuf s'en allât lui-même.

Miette y était tout le présent, tout le passé. Par sa *poudre persane,* ses escamotages et son *pallas,* il rappelait Pinetti ; par son adresse à faire toutes sortes de coiffures avec une seule casquette, il rappelait Tabarin et son fameux chapeau [2]; par l'emplacement qu'il avait choisi, au bout du pont, il rappelait Descombes [3] et Brioché. Lui parti, tous ces souvenirs semblent s'en être allés. Pleurons Miette !

Dans son jeune temps, comme il disait, il y avait bien d'autres *pallas* et d'autres *boliments*

---

[1] La *Notice* de M. Champfleury porte, sur la première édition, la date du 6 octobre 1845. Il y dit que Miette était mort l'année précédente.

[2] *V.* plus haut, p. 241, 249.

[3] Il avait son théâtre à l'entrée du Pont-Neuf et de la rue Dauphine. (*Œuvres de Tabarin*, t. Ier, p. 11.)

que les siens sur le Pont-Neuf, et tous n'étaient pas seulement *parlés*. Il y en avait d'imprimés qui circulaient sur les trottoirs par les mains des *donneurs d'avis*. Rosny en a publié quelques-uns [1], et Gouriet plusieurs autres : ainsi, celui du sieur Rupano, Vénitien, qui en 1777 faisait justement sur le Pont-Neuf les mêmes tours que Miette fit plus tard, et qui vendait une poudre toute semblable à la sienne sauf le nom [2]; ainsi l'obligeant avis des demoiselles Demoncy et Valechon qui, s'annonçant comme nièces et élèves de notre ami Lyonnais [3], promettaient de saigner et tondre les chiens moyennant 1 liv. 4 sols; de les couper — occupation singulière pour des demoiselles — moyennant 1 liv. 4 sols, et de les guérir des fluxions de poitrine moyennant la même somme de 1 liv. 4 sols, prix d'un pot d'opiat d'une vertu merveilleuse. Lancer de tels avis sur le Pont-Neuf, c'était se poser en concurrentes des pauvres *tondeurs*, à leur nez et à leur barbe; par bonheur, la différence des prix montrait que ces demoiselles ne s'adressaient pas aux mêmes pratiques. Il ne leur fallait que

---

[1] *Voyage autour du Pont-Neuf*, passim.
[2] Gouriet, t. I er, p. 309-311.
[3] *Ibid.*, p. 307-308.

des chats ou des chiens de bonne maison!

Les Esculapes des races canine ou féline n'étaient pas les seuls dont les *réclames* courussent alors le Pont-Neuf. Plus d'un parmi les médecins en renom s'y recommandait par cartes de visite illustrées de devises latines. Un d'eux, le docteur D...., qui prétendait avoir à se plaindre d'un riche banquier parce que les 12,000 francs en assignats avec lesquels il avait été payé, et qu'il avait eu la sottise de garder, étaient tout à coup tombés bien au-dessous du cours, fit un procès à son malade. Celui-ci prit pour avocat Berryer père, qui lui promit de gagner sa cause, lors même qu'elle serait mauvaise, car il avait de quoi faire rire les juges. Quand son tour vint de parler, il se contenta de protester de la libéralité de son client et du peu de désintéressement du médecin. A l'appui de son dire sur ce dernier point, il demanda qu'on lui permît d'exhiber une seule pièce, toute petite, grande comme la moitié de la main, mais convaincante, et il tira de sa manche un petit carré de carton imprimé sur ses deux faces. C'était la carte de visite du docteur à ses malades en espérance, Berryer l'avait reçue comme tout le monde, sur le Pont-Neuf, un jour qu'il revenait du Palais. On y lisait sur le recto :

Medicis in morbis totus proponitur orbis ;
Morbo recedente, mox medicus fugit a mente 1;

A la suite en français : « Le docteur D.... se transporte chez les malades, même la nuit, pourvu qu'on lui envoie une voiture avec l'honoraire de 10 francs ; » puis au verso, cette autre devise latine, qui expliquait l'empressement du docteur à se faire payer d'avance :

Accipe quando dolet, quia sanus solvere nolet 2;

Enfin venait l'adresse du docteur. « A la lecture de cette carte, dit Berryer père, dans ses *Souvenirs* 3, un fou rire s'empara de l'auditoire, il ne cessa que par le prononcé du jugement qui déclarait le médecin non recevable. »

Pendant que le docteur s'en revenait l'oreille basse de son procès qu'une maudite carte lui avait fait perdre, et surtout de son argent perdu à cause des assignats, il y avait auprès ou plutôt sous le Pont-Neuf un homme

---

1 « Est-on malade, on promet aux médecins toutes les richesses du monde ; la maladie est-elle partie, le souvenir du médecin s'enfuit aussitôt ! »

2 « Prends du malade pendant qu'il souffre ; bien portant, il ne voudra pas te payer. »

3 1839, in-8°, t. Ier, p. 283-284.

dont ce maudit papier-monnaie achevait d'agrandir la fortune déjà fort rondelette : cet homme, c'est Vigier.

Il avait commencé comme garçon-baigneur dans les bains de Poitevin, que nous connaissons déjà. Vif, soigneux, entendu, il plut au maître; et joli homme, entreprenant, il plut à la maîtresse, qui était plus jeune que son mari. Poitevin mourut subitement, on en jasa beaucoup, on commença même un procès au criminel, qui faute de preuves n'eut pas de suite ; madame Poitevin devint bientôt madame Vigier, et le garçon fut maître et seigneur. Une seule gêne lui restait : un associé. Les bains avaient été construits par l'architecte de Monsieur, Machet de Vélye, qui pour prix de ses travaux avait gardé une part de propriété. Poitevin ne s'en plaignait pas ; Vigier, moins accommodant, le supporta mal. Il plaida et perdit [1]. C'était en 1792, la Terreur fit bientôt ce que n'avait pas fait la justice. Elle emporta le ci-devant architecte de Monsieur [2]. Cette mort, qui servait si bien Vigier, fit jaser encore. On incrimina le bonheur d'un

[1] *Ibid.*, t. II, p. 249.
[2] *Ibid.*

homme si imperturbablement heureux. On parla de dénonciation; il laissa dire. Une seule chose l'émut : le nouveau procès qui lui fut fait par la veuve et par les enfants de M. de Vélye. La part due aux représentants du défunt était incontestable; il la contesta, plaida et perdit; mais comme il était riche, et croyait pouvoir facilement lasser par sa résistance ses adversaires, dont la chose réclamée était la meilleure ressource, il ne s'avoua pas battu. Il les traîna, perdant toujours, devant toutes les juridictions, jusqu'à ce qu'enfin, pressé par l'irrésistible logique de Gairal, qui plaidait pour l'adverse partie, acculé, sans réplique possible, devant l'arbitrage d'un commissaire rapporteur, il rendit gorge [1]. Il lui en coûta, non pour la somme donnée, mais parce qu'il donnait.

Sa fortune avait, pendant ce procès, gagné bien plus qu'il ne devait lui faire perdre. L'époque des assignats était venue, et de cette cause de ruine pour tant d'autres, il s'était fait un moyen de richesse. Avec son papier-monnaie, il eut à vil prix de magnifiques biens

---

[1] V. Suppl. au Dictionnaire de la Conversation, t. XIX, p. 117, art. GAIRAL, par M. Breton.

nationaux, qui lui restèrent. En habile homme, il employa ce supplément d'avoir à l'amélioration de l'entreprise, première source de son bonheur. Sous le millionnaire, le baigneur ne s'oublia pas. En 1797, Vigier n'avait plus seulement, comme son prédécesseur Poitevin, trois bains sur la Seine, il en possédait six dont les plus beaux étaient : celui du Pont-Royal qu'il avait été obligé de reconstruire en entier, après le terrible hiver de 1796 [1], et celui du Pont-Neuf, au bas du terreplein. Vous les avez tous vus, car ils sont encore tels que Vigier les avait fait construire. De son temps, on les appelait en style de sybarite, « les Palais du Repos et de la Santé [2]. » C'était alors une des merveilles de Paris, une des plus sincères admirations des étrangers. Une Anglaise, la duchesse de Cumberland, voulut bien dire un jour que ces établissements seraient dignes de Londres [3]; et Kotzebue daigna déclarer que le bain flottant de Berlin n'était pas beaucoup plus élégant [4]. Un

---

[1] *Paris et ses Modes, ou les Soirées parisiennes,* par L..., 1803, in-12, p. 114.

[2] *Ibid.* p. 115.

[3] *Ibid.*, p. 116, note.

[4] *Souvenirs de Paris en* 1805, t. Ier, p. 93.

de leurs agréments était le porche orné d'arbustes, et le petit jardin circulant en galerie autour du rez-de-chaussée. Vigier ne s'en tint pas à ces maigres ombrages. Sur le talus des rives voisines, il planta les peupliers [1] qui, grands aujourd'hui, égayent si bien par leur verdure les abords du Pont-Royal, du quai Voltaire et du quai d'Orsay. Si le terre-plein du Pont-Neuf a sa croupe gracieusement voilée d'ombres ; si les saules et les tilleuls, se mêlant à sa base, font un élégant taillis de ce cap récemment allongé qu'ont rendu plus accessible les nouveaux escaliers taillés dans le granit du terre-plein; si cet endroit, longtemps aride comme une grève, est un joli jardin, en attendant qu'on y voie un théâtre nautique comme le demandait naguère M. Barthélemy [2], on le doit à Vigier.

Il n'avait rien négligé, non-seulement comme élégance et confortable, mais comme prévoyance. Ainsi, dès 1797, il avait fait construire sur bateau une puissante machine hydraulique, dont les tuyaux, adroitement

[1] *Le Nouveau Pariseum*, 1811, in-12, p. 208.
[2] *V.* sa brochure, *l'Opéra et le Théâtre de la Seine*, 1859, in-8°.

dissimulés, lui fournissaient, par jour, 200 muids d'eau prise au plus pur du fleuve, au milieu du courant[1]. De cette façon, même par les eaux les plus basses, même en l'an XII (1804), lorsque ses bateaux restaient à sec, et qu'on passait à gué le petit bras de la Seine pour aller du quai des Augustins à celui des Orfèvres[2], il fut toujours convenablement approvisionné.

Comme la plupart des hommes dont l'activité fut la vie, et que la mort doit frapper brusquement pour être bien sûre de les arrêter, il mourut d'apoplexie. C'est dans une de ses terres, fameuse depuis par une orgie dont toutes les eaux de ses réservoirs ne suffiraient pas à laver l'ordure, c'est à Grandvaux qu'il fut foudroyé. Ses dispositions étaient prises. Sa fortune, que l'Hôtel-Dieu avait espérée un instant, passa sans trop de contestation aux enfants naturels qu'il avait eus depuis le décès de sa femme, morte sans laisser d'héritier. Les parts furent distribuées, comme il les avait faites, sans réclamation d'aucun collatéral[3]. La plus grosse échut

---

[1] *Paris et ses Modes*, p. 116.
[2] *Moniteur*, an XII, p. 1.
[3] Berryer, *Souvenirs*, t. II, p. 249-250.

comme on sait à celui qui, alors simple collégien de Sainte-Barbe, devint depuis gendre du maréchal Davoust, comte et pair de France, sous le même nom de Vigier, qui était une des conditions de l'héritage. Les bains faisaient partie de son lot. Il les vendit l'un après l'autre. En 1836, toutefois, quand le privilége dont ils jouissaient expira, il en possédait encore trois. Une société les lui acheta moyennant 600,000 francs. Elle les exploite encore sous le nom de Société des Trois-Bains.

Après ce colossal enrichi, dont la fortune avait eu tant de sources différentes et contraires, j'en veux citer un autre qui ne dut la sienne qu'au hasard.

C'était un de ces industriels, les plus humbles du Pont-Neuf, dont les premiers, on ne sait pas au juste à quelle époque, mais certainement avant 1695 [1], étaient venus, conseillés et subventionnés par un médecin de la rue *Jean Pain-Mollet* [2], s'installer au Pont-Neuf, en arborant bravement pour leur in-

[1] G. Brunet, *Nouveau Siècle de Louis XIV*, p. 167.
[2] *Le Voyage de Monsieur de Cléville*, Paris 1750, in-12, p. 3. — Ce médecin, qui était de Montpellier, s'appelait Le Boux. Il vivait encore en 1720.

fime métier la devise *à la royale*, dont les plus riches se faisaient alors une enseigne[1]; bref le pauvre homme dont je parle était tout simplement un décrotteur. Il n'avait pas fait comme plusieurs de ses confrères qui, de 1795 à 1805, avaient émigré du Pont-Neuf [2], leur sellette en croupe, pour aller fièrement ouvrir des *salons* de décrottage et de lecture [3] : ceux-ci sous les Galeries de Bois avec l'enseigne aux *Artistes réunis* [4]; ceux-là, dans le passage des Panoramas, avec cette inscription : *aux Trois Frères, artistes décrotteurs*[5]. Il était, lui, resté à se morfondre au bas de la banquette du Pont, en attendant la fortune, sans l'espérer. Elle vint. Au Palais-Royal, aux Panoramas, messieurs du décrottage mettaient de grands mots sur leur façade, des vers même quelquefois [6]; notre pauvre homme au Pont-Neuf

---

[1] Mercier, *Tableau de Paris*, t. V, p. 87.

[2] *Paris et ses Modes*, p. 88-89.

[3] *Ibid.*—Prud'homme, *Miroir historique de Paris*, t. I*er*, p. 314.

[4] Gouriet, t. II, p. 330-331.

[5] Kotzebue, *Souvenirs de Paris*, t. II, p. 340.

[6] *Ibid.*—C'est l'époque où Béranger fit sa chanson aujourd'hui perdue, *le Décrotteur faisant la cour*. (P. Boiteau, *Vie de Béranger*, 1861, in-18, p. 67.)

n'avait mis que son nom sur son écriteau. Il s'appelait *Dansse*.

Un jour du commencement de mai 1805, passe un monsieur bien mis, qui machinalement lit ce nom et s'arrête. Il interroge le décrotteur, sur lui-même, sur son pays, sur sa famille, et le décrotteur répond si bien que le monsieur finit par l'emmener. Il ne reparut au Pont-Neuf que pour emporter sa sellette et ne plus revenir. Il était riche. Le monsieur l'avait conduit chez un notaire, et le notaire, renseignements pris, pièces examinées, lui avait délivré un héritage, qui, bien qu'il n'arrivât pas d'Amérique mais seulement du Collége de France, n'en était pas moins considérable, surtout pour un décrotteur. C'était la fortune du savant helléniste Dansse de Villoison, mort le 18 avril précédent, sans aucun héritier connu, et dont l'artiste du Pont-Neuf se trouvait être le neveu, sans savoir qu'il eût un oncle si riche et si savant. Il jura ses grands dieux qu'il ferait apprendre à son fils le grec, cette admirable langue qui le faisait si riche. On ne sait s'il a tenu parole [1]. Depuis lors, le grec et le décrottage ne se sont

[1] Rabbe et Boisjolain, *Biographie portative des Contemporains*, t. Ier, p. 114.

plus trouvés en relation qu'une seule fois, vers 1835, quand le professeur Commerson, pour se venger d'un passe-droit qu'on lui avait fait dans l'Université, s'installa sur le Pont-Notre-Dame avec une sellette de décrotteur, dont l'écriteau portait ses titres et qualités.

La légende des brillants héros de la brosse enrichis vers 1821 par le cirage de Gannal et ruinés plus tard par le cuir verni pourrait s'arrêter là, mais elle serait veuve de sa plus jolie anecdote. Nous laisserons pour cette dernière histoire la parole à M. Emile Deschanel, qui l'a récemment fort bien contée d'après le livre du docteur Franklin et de M. Alph. Esquiros[1] : « Un Anglais, dit-il, étant à Paris, passait un jour sur le Pont-Neuf ; un caniche se jette entre ses jambes et lui salit ses bottes. L'Anglais s'approche d'un décrotteur qui se tenait là sur le pont, et fait réparer le dommage. Un ou deux jours après, même aventure précisément au même endroit ; l'Anglais croit reconnaître le maudit chien. Le lendemain, il prend exprès le même chemin ; toujours même incident. Cela pique la curio-

---

[1] *Vie des Animaux.*

sité de l'Anglais : il observe attentivement le chien; il le voit descendre l'escalier du quai, se diriger vers les bords de la Seine, tremper ses pattes dans le limon, puis remonter, et sur le pont attendre.... de pied sale, la première personne bien propre et bien cirée, sur les bottes de laquelle il pût exercer sa petite industrie. C'était le chien et le compère du décrotteur. Il lui procurait ainsi des pratiques. »

Le plus joli de la jolie anecdote, c'est qu'elle est vraie, hormis sur un point que je regrette, car il va me forcer à dépouiller notre cher Pont-Neuf. C'est rue de Tournon, en face de l'hôtel de Nivernais, que se tenait le petit décrotteur. Son chien était, non un caniche, mais un grand barbet noir, ce qui rend son amour de la crotte encore plus vraisemblable. Au lieu de descendre à la rivière, comme le veut la mise en scène du Pont-Neuf, il allait tout bonnement tremper ses pattes au ruisseau. Un savant, qui fit à ce sujet et à propos de plusieurs autres *histoires de chiens,* de scrupuleuses observations, déclare avoir vu de ses yeux les manœuvres du barbet crotteur de la rue de Tournon [1]. Un Anglais, et des plus illustres, dit-il, les vit aussi, et voulut le

[1] *Quelques Mém. sur diff. Sujets,* 1807, in-8°, p. 347-349.

chien. Il offrit cinq louis qui furent refusés; dix, refusés aussi, et enfin quinze qui furent acceptés. Le lendemain il partit pour Londres, mais à quinze jours de là, par suite d'une foule de combinaisons et d'évolutions que notre savant décrit, le barbet était de retour devant la porte de l'hôtel de Nivernais, « plus crotté que jamais, et crottant mieux ses pratiques [1]. »

Les petits décrotteurs, presque tous d'Auvergne ou de Savoie, étaient une des gaietés du Pont-Neuf. Il y avait plaisir, quand sonnait le carillon de la Samaritaine, à les voir danser sur le pont et sur les quais voisins, la *bourrée* du pays [2], ou le *braîle des Lavandières* [3]. Malheureusement, vous le savez, la pauvre sonnerie fut longtemps muette. Tant que dura la Terreur elle ne dit mot.

Un rimeur de l'époque [4] lui fit honneur de ce silence. Dans un petit poëme, écrit en 1804, au moment où l'on recommençait à menacer la Samaritaine, il lui fait dire :

[1] *Ibid.*
[2] *Rev. et Gaz. music.*, 29 juil. 1860, p. 266.
[3] C'est le *carillon de Dunkerque.*
[4] *La Samaritaine à l'Empereur*, 1804, in-8° de huit pages.

> . . . . En ces jours de douleurs,
> En ces temps détestés de tumulte et d'horreurs,
> Jamais entendit-on mes cloches pacifiques
> Se mêler au fracas des tempêtes publiques ?...
> Je me taisais alors, dans ces murs désolés,
> Que mes faibles accents n'auraient pas consolés [1].

Mais, avec des jours meilleurs, revinrent les gais refrains de son carillon. *J'ai vu*, dit encore la Samaritaine,

> J'ai vu, je m'en souviens, j'ai vu sur cette rive,
> Les regards élevés et l'oreille attentive,
> Les citoyens en foule, autour de moi groupés,
> A répéter mes chants doucement occupés,
> Oublier aux refrains d'un joyeux vaudeville
> Les fléaux qui naguère assiégeaient leur asile.
> Qui sait même, qui sait si de ces airs chéris
> Le charme séducteur, enchaînant les esprits
> Trop longtemps occupés de fatales querelles,
> N'a pas interrompu des trames criminelles,
> Des partis irrités suspendu les fureurs,
> Et pour quelques instants réuni tous les cœurs ?
> Qui s'occupe à chanter rarement pense à nuire ;
> Ce n'est pas la gaîté, c'est l'ennui qui conspire.

La pauvre Samaritaine se croyait bien perdue alors, et s'y résignait. L'Empire était né, elle avait fêté son baptême sur l'air, redevenu joyeux, du *Ça ira, ça ira* [2]. Dans le

---

[1] *La Samaritaine à l'Empereur*, p. 5.

[2] Je tiens d'un témoin que, lorsque l'Empereur, se rendant à Notre-Dame pour être sacré, passa sur

poëme où on la faisait si bien parler, elle avait dit pour finir :

J'annonce le bonheur et ne flatte personne,
Mais ma voix appartient à celui qui la donne ;

puis elle avait cru qu'elle n'aurait plus à carillonner désormais que son *nunc dimittis*. Elle survécut cependant neuf années encore. On ne la démolit qu'en 1813.

Le plus malheureux fut Pauchet, son carillonneur. Il était là depuis douze ans[1], ne manquant pas la moindre occasion de faire son gai tapage, et tout heureux de nos victoires parce qu'à chacune il carillonnait.

En 1802, l'année qui avait suivi son installation et le réveil de ses cloches, on lui avait fait l'honneur de le mettre en vaudeville-parade. La pièce des citoyens Henrion et Servière, jouée à la Cité-Variétés, le 23 brumaire an XI, *Drelindin ou le Carillonneur de la Samaritaine*[2], n'avait pas d'autre héros que lui. Sa vie y était sans doute un peu tournée au roman, grâce aux amours qu'on lui prêtait

le Pont-Neuf, c'est l'air du *Ça ira* qui fut joué à la Samaritaine.

[1] *Revue et Gazette music.*, 1856, p. 408.
[2] Paris, Barba, an XI, in-8°.

avec la belle Nanette, fille de l'orangère madame Portugal, et à la rivalité du décrotteur La Sellette; mais les auteurs n'avaient rien exagéré en le posant comme un bon jeune homme de conduite exemplaire, capable du plus beau dévouement[1] et surtout passionné pour ses cloches.

Ce lui fut un bien grand deuil d'être obligé de les quitter. Qu'allait-il devenir? lui faudrait-il, après avoir été mis en vaudeville, se faire vaudevilliste lui-même, comme il advint au fameux Lamiral (de la Seine) qui, certain jour, ne fît qu'un saut du clocher de Saint-Étienne-du-Mont, où il était sonneur, sur le théâtre de Séraphin, dont son brillant talent enrichit le répertoire [2]? devrait-il, comme ce mendiant alors bien connu sur le Pont-au-Change, se consoler de son carillon perdu en faisant tinter un carillon factice [3] ? ou bien, comme ce pauvre Agier, carillonneur à Saint-Jacques-la-Boucherie, qui avait juré de ne pas survivre à ses cloches, mais qui, hélas, ne put tenir parole [4], serait-il obligé de

[1] *Drelindin*, etc., p. 20-21.
[2] Champfleury, *les Excentriques*, 1856, in-18, p. 42-45.
[3] Salgues, *Paris*, etc., 1813, in-8°, p. 127.
[4] *Revue et Gazette music.*, 1856, p. 408.

traîner sa mélancolie par les rues, en se faisant reconnaître de tous par la manière dont, en marchant, il battait la mesure toujours sur le même refrain, triste débris des airs de son carillon [1] ?

Pauchet fut plus heureux. Une place de sonneur était à prendre à Saint-Roch, il la prit. Trois cents francs d'appointements par année, c'était peu, mais il y avait un carillon à faire tinter et il fut pour cela fort coulant sur les gages. Ce carillon, apporté d'une paroisse de Normandie, par un prêtre qui avait été attaché à Saint-Roch lors de la réouverture de l'église [2], ne valait pas celui de la Samaritaine. Il n'avait que deux octaves de petite dimension; n'importe, Pauchet s'en arrangea et si bien, que les deux octaves firent du bruit comme quatre. Il eut une autre chance encore et plus heureuse.

La Samaritaine avait été détruite, mais son carillon existait toujours. Les vingt-cinq cloches de Drouard et de Ninville, après qu'on les eut enlevées du campanile du Pont-Neuf, avaient été portées à l'église Saint-Eustache qui, depuis qu'on l'avait rouverte, ne s'était

---

[1] Pujoulx, *Paris à la fin du XVIIIe siècle*, p. 66-67.
[2] *Revue et Gazette music.*, 1856, p. 408.

pas encore procuré une sonnerie. Celle qu'on lui donnait là valait mieux qu'aucune autre. Le curé ne le comprit pas. Vingt-cinq cloches lui parurent être un carillon de trop grand tapage. Il n'en fit monter que six, les plus grosses, et laissa les autres dans un coin. Pour faire parler à souhait les six préférées il fallait une main habile, une main de connaissance. On appela Pauchet, qui cria bien haut lorsqu'il vit que son carillon n'était plus au complet. A quoi bon avoir tant de babillardes joyeuses, si l'on ne les faisait pas babiller toutes? mieux valait pourtant quelques-unes que pas une seule, et trois cents francs de gages ajoutés aux cent écus qu'il gagnait à Saint-Roch étaient bien séduisants; il consentit donc à venir, comme on l'en priait, carillonner à Saint-Eustache, les jours où il ne carillonnerait pas à Saint-Roch. Pendant le temps qui lui restait, il faisait des paillassons, et il était heureux.

En 1838 un grand malheur le frappa. M. Olivier, alors curé de Saint-Roch, voulut de grosses cloches pour son église, et afin que la somme à donner au fondeur fût moins forte, il lui livra le carillon pour compte. Pauchet ne s'en consola pas.

Les cloches neuves étaient fort belles, soit ; de plus, le jour de leur baptême, on avait augmenté ses appointements : mais tout cela ne fut pas satisfaction pour lui. Il aimait mieux son carillon. Celui de Saint-Eustache lui restait, et quoiqu'on l'eût depuis quelque temps diminué encore de deux cloches, il ne trouvait quelques bons moments que lorsqu'il le faisait bavarder. Ces quatre gentilles parleuses n'étaient-elles pas d'ailleurs les dernières survivantes de sa chère et mélodieuse famille de la Samaritaine ? Un jour, il y a de cela dix ou onze ans, une fatale nouvelle lui parvint.

Il apprend que M. le curé de Saint-Eustache, piqué d'émulation, veut, comme celui de Saint-Roch, avoir deux grosses cloches, et qu'on va vendre les pauvres vieilles. Il court à l'église, il monte au clocher. C'était fini. On mettait en place les nouvelles venues, et l'on enlevait les autres, les vétérantes. Oui, toutes étaient emportées pour être fondues, aussi bien celles à qui par grâce on avait laissé la parole, que les autres restées si longtemps silencieuses dans la poussière du clocher. Le fondeur n'avait donné que la misérable somme de 1,800 francs pour ces vingt-cinq cloches excellentes, pour ces vingt-cinq merveilles ! Depuis lors Pauchet n'a plus cessé de gémir en faux bourdon, ayant pour seule joie le gai tapage de ses souvenirs. « Il y a, disait au mois de novembre 1856, M. Adrien de La Fage [1], qui le connut alors et se plut à le faire causer sur son passé à la Samaritaine, et sur son présent à Saint-Roch, moins bruyant et partant moins heureux :—Il y a cinquante-cinq ans qu'il sonne, et je parierais que dans les songes que doivent lui suggérer ses mœurs douces et le bon état de sa conscience, le bonhomme rêve quelquefois qu'il est devenu le carillonneur du paradis. »

Si ce fut son rêve, il put se réaliser bien peu de temps après : le 20 mars de l'année suivante, Pauchet était mort.

La Samaritaine, dont il était le suprême débris; la Samaritaine qui survivait en lui, depuis 1813, avait, nous l'avons dit, été le dernier bâtiment construit sous le grand règne. Sa construction avait illustré, mot bien pompeux pour un château si chétif, les derniers jours de Louis XIV; et un siècle après, les derniers jours de l'ère impériale

---

[1] *Revue et Gazette music.*, 1856, p. 408.

ne furent devancés que de quelques mois par sa démolition.

A peine l'a-t-on jetée par terre, cette pauvre Samaritaine, ce dernier-né des bâtiments du grand roi, que l'Empire tombe aussi, et que les Bourbons reviennent, comme pour la venger.

Elle manqua sur le Pont-Neuf à leur entrée solennelle. Les airs du Béarnais : *Vive Henri IV* et *Charmante Gabrielle,* chantés par son carillon, eussent été la plus joyeuse fanfare de leur retour. Le *Cheval de Bronze* faisait défaut aussi, mais on le remplaça.

Louis XVIII devait rentrer à Paris le 3 mai, et un mois auparavant, on n'avait pas encore pensé que le rétablissement des Bourbons en France ne serait pas complet si Henri IV n'était d'abord rétabli sur le Pont-Neuf[1]. Le 18 avril enfin, on s'en avisa sérieusement. D'après un projet de l'architecte Bellanger, le sculpteur Roguier, qu'Houdon dirigeait de

---

[1] Le premier projet conçu en 1814 fut pour un monument dynastique. [F. Thiolet, *Description d'un projet de monument érigé à la gloire de Henri IV et de ses fils* (Louis XIII, Louis XIV, Louis XV, Louis XVI), *à élever sur l'emplacement du terre-plein du Pont-Neuf,* 1814, in-4°.]

ses conseils¹, se fit fort de placer, avant le 1ᵉʳ mai, sur le terre-plein, une statue équestre en plâtre qui rappellerait autant que possible celle de bronze que la Révolution avait renversée. Un atelier des Menus-Plaisirs fut mis à sa disposition ; un des chevaux du quadrige de Berlin qu'on n'avait pas encore emporté de Paris, lui fut prêté pour le moulage de son coursier de plâtre, et, pendant la nuit du 30 avril, le colossal impromptu, cheval et cavalier, put être installé sur le Pont-Neuf², aussi solidement pour le moins que les Bourbons sur leur trône restauré.

Moins d'un an après, le jour où Louis XVIII et les siens revenant de Notre-Dame et se rendant aux Tuileries³ avaient pour la première fois salué sur le Pont-Neuf la fragile effigie, décorée par le comte Beugnot⁴ de cette inscription de bonne latinité et de courtisanerie meilleure :

LUDOVICO REDUCE
HENRICUS REDIVIVUS,

---

¹ Lafolie, *Mémoires historiques relatifs à la fonte et à l'élévation de la statue équestre de Henri IV*, p. 93.

² *Ibid.*

³ Thiers, *Hist. du Consulat et de l'Empire*, t. XVIII, p. 113.

⁴ Saint-Edme, *Biographie de la Police*, p. 358.

la royauté plus fragile encore avait été de nouveau renversée.

Le revenant de l'île d'Elbe laissa debout, soit indifférence soit oubli [1], l'image de plâtre, qui, tout en symbolisant au Pont-Neuf la popularité que les Bourbons n'avaient pas su reprendre, semblait être, pour eux, en restant là, une sorte d'espoir de retour.

Quand trois mois après ils furent en effet revenus et se crurent bien assis, le projet, déjà conçu auparavant, d'éterniser par le bronze l'image royale parodiée par le plâtre fut définitivement repris. Bientôt il fut en bonne voie d'achèvement, à l'aide d'une souscription pour laquelle tous, grands et petits, vinrent apporter leur louis d'or ou leur écu [2].

Lemot, qu'on avait choisi pour ce travail, sans lui garder rancune de ses statues im-

---

[1] Lafolie, p. 105-106, 199.—Suivant MM. Percier et Fontaine, c'est par déférence pour Henri IV que Napoléon aurait respecté sa statue de plâtre. Il aurait même manifesté l'intention de faire achever celle de bronze, et promis la somme nécessaire pour cet achèvement. *(Napoléon architecte,* dans le t. LII, p. 44, de la *Revue de Paris.)*

[2] La liste des souscripteurs occupe, dans le livre de Lafolie, cent pages petit texte à deux colonnes.

périales ou révolutionnaires [1], se trouvait même déjà en besogne dans un atelier de l'ancien préau de la foire Saint-Laurent [2], quand le retour de l'île d'Elbe était venu lui faire craindre que la statue royale ne fût pour toujours inutile. Il ne brisa cependant pas son modèle. Le cheval, déjà presque achevé, ne pouvait-il pas servir pour quelqu'autre héros, et au besoin ne pourrait-on pas le faire enfourcher par un Napoléon de bronze, si l'Empereur revenait à Paris, devancé par une nouvelle victoire ? C'est la défaite et la peur qui le devancèrent, entraînant avec elles une panique générale des habitants de la banlieue de Paris qui voyaient déjà l'étranger à leurs portes ; et, par là, provoquant un danger réel pour la statue du préau Saint-Laurent.

Ce préau, situé tout près du mur d'enceinte, fut en effet envahi par les fuyards. Maisons, hangars, ateliers tout fut pris pour loger ces

---

[1] Il avait été notamment chargé en l'an VI, par le *Jury des Arts*, de la statue du Peuple français. *V.* à ce sujet la mention d'une lettre qu'il adressa, le 29 thermidor an VI, au ministre de l'intérieur, dans le *Catal. des Autogr.* du baron de Trémont, p. 122.

[2] Lafolie, p. 114. — Un rapport sur le modèle en petit de sa statue avait été lu le 18 janvier 1815 et approuvé, *Journal des Débats*, 8 février 1815.

familles, leurs chevaux et leur bétail [1]. L'endroit où se trouvait le moule de Lemot fut lui-même menacé, et que serait-il survenu si ces bandes de rustres en eussent forcé l'entrée? Le péril passa. Louis XVIII revint, et tout fit espérer que cette fois pour la royauté des Tuileries, comme pour le Henri IV du Pont-Neuf, le durable remplacerait le fragile, et le bronze le plâtre.

La figure du roi fut coulée le 23 mars 1817 par M. Honoré Gonon, à la fonderie Saint-Laurent, rue du Faubourg Saint-Martin [2], et, le 6 octobre suivant, la partie inférieure de cette figure, qui tenait au cheval, fut jetée en bronze avec lui, dans la fonderie du Roule [3].

Le fourneau qui avait servi, le 5 mai 1758, pour la statue équestre de Louis XV par Bouchardon, servit aussi pour cette statue de Henri IV [4]. Le poids total, cheval et cavalier, devait être de vingt-cinq milliers environ.

Pour avoir, sans frais nouveaux, le métal nécessaire, on prit le bronze qui provenait des

---

[1] Lafolie, p. 114.

[2] *Ibid.*, p. 129.

[3] En 1825, Lemot y fit encore couler le Louis XIV, de Lyon. (*Catal. d'Autogr.*, 25 mai 1852, p. 99.)

[4] Lafolie, p. 137.

statues impériales récemment renversées. La Royauté se reconstituait avec des débris de l'Empire, et la statue du roi, son symbole, fut faite avec des restes d'effigies d'Empereur ! Le Napoléon de la statue de Boulogne, celui de la colonne Vendôme furent envoyés au fourneau, et comme ils ne suffisaient pas, on y porta aussi la statue de Desaix par Dejoux, qui n'avait figuré que fort peu de temps à la place des Victoires [1].

Un des ouvriers, dont le concours devait être le plus utile pour l'achèvement de la statue, et qui au moment de sa fonte se dévoua même avec le plus grand courage, en ne craignant pas de pénétrer dans le fourneau encore ardent [2] ; le ciseleur Mesnel avait été douloureusement affecté de ce que le bronze nécessaire n'avait pas été pris ailleurs. Il aimait l'Empire, et le cœur lui saignait de voir que pour cette statue de roi, on brisait les statues de son Empereur. Celle de la colonne Vendôme avait été déposée dans son atelier de la foire Saint-Laurent, où il l'entourait d'une sorte de culte. Quand on vint la prendre pour la mettre au fourneau,

---

[1] Lafolie, p. 123, note.
[2] *Ibid.*, p. 178.

il en offrit l'équivalent en métal. Il fit plus ; elle ne pouvait fournir que six milliers environ, il offrit, si l'on voulait la lui laisser, de donner vingt mille livres pesant en échange [1]. La proposition fut repoussée. On enleva la statue, on la brisa, et on la fondit.

Mesnel ne se tint pas pour battu. Quand il fallut poser l'armature intérieure du cheval d'Henri IV, et faire disparaître de cet ensemble équestre tous les défauts de fonte, grands ou petits ; comme il était « monteur et ciseleur fort expert [2], » c'est à lui qu'on s'adressa. Le travail dura trois mois, du 18 mars à la fin de juin 1818. C'était plus qu'il ne lui fallait pour mener à bien son innocente vengeance. Il possédait une petite statue de Napoléon, d'après le modèle de Taunay, il la glissa dans le bras droit d'Henri IV [3]. Il s'était procuré une grande partie des écrits qui commençaient à courir contre les Bourbons, « chansons, inscriptions, diatribes, » il en remplit plusieurs boîtes, qu'il plaça dans le ventre du cheval. C'étaient, a-t-il écrit, « des monu-

[1] *V.* la lettre écrite par Mesnel, en avril 1831, dans le *Cabinet de Lecture* du 10 août 1839, p. 122.

[2] Lafolie, p. 202, 204.

[3] Lettre de Mesnel.

ments de l'esprit du temps qu'il voulait conserver à l'histoire. » Il n'y parut pas, du reste, et si l'on voulait même retirer ce singulier dépôt, « il ne faudrait, a-t-il dit encore, qu'une demi-journée de travail tout au plus, sans endommager en aucune façon la statue [1]. » Afin que si, d'une manière ou d'une autre, ces objets étaient découverts, on ne s'en prît à personne qu'à lui, il dressa de ce dépôt un procès-verbal en bonne forme, qu'il logea, où ? dans la tête de Henri IV [2].

Quand le cheval et son cavalier furent de cette façon bourrés d'ingrédients hostiles, et que le ventre de l'un, les membres et la tête de l'autre furent ainsi bel et bien une sorte d'arsenal où il ne faudrait que fouiller pour trouver de quoi rire contre la dynastie qui élevait ce monument à sa gloire, le malin Mesnel déclara la statue achevée, et l'on put tout préparer pour son transport au Pont-Neuf. On la fit passer le soir du 13 août par une brèche du mur d'enceinte de la fonderie du Roule, puis le lendemain matin, après l'avoir recouverte d'une toile bleue fleurdelisée, on la mit sur un

[1] Lettre de Mesnel.
[2] *Ibid.*

traîneau attelé de dix-huit paires de bœufs.

Jusqu'à l'avenue de Marigny, par laquelle on devait gagner celle des Champs-Élysées, tout alla bien ; mais alors il fallut donner aux bœufs, déjà fatigués et haletants, un renfort considérable de chevaux ; puis chevaux et bœufs ne suffirent bientôt plus. A six heures, on n'avait pas encore atteint le bout de l'avenue Marigny. Des ouvriers s'offrirent pour traîner le chariot, on refusa d'abord mais pour accepter bientôt après. « On attache des cordes aux poutres du traîneau. Les ouvriers s'en saisissent. Mille bras s'emparent des traits de l'équipage, dont on détache les bœufs avec précipitation. Le monument s'ébranle. Il ne marche plus, il vole, et en moins d'une demi-heure, il arrive sous les croisées du pavillon des Tuileries, aux cris de *Vive le Roi, vive la Famille royale*[1] ! »

La course triomphale d'Henri IV, qui cette fois avait vraiment retrouvé son peuple, ne s'arrêta qu'au Pont-des-Arts, où la statue fit halte jusqu'au 17 août. Ce jour-là, vers cinq heures du soir, soixante chevaux de marine, auxquels on en adjoignit bientôt dix autres,

---

[1] Lafolie, p. 219.

furent attelés au traineau, et le lendemain matin à six heures la statue arrivait au terre-plein. Deux jours après, par les soins du charpentier Guillaume, qui faisait à ses frais les travaux d'érection [1], le piédestal de marbre dont le roi avait posé la première pierre dix mois auparavant, le 28 octobre 1817 [2], recevait sur sa plate-forme le cavalier de bronze, et enfin le mardi suivant, jour de la Saint-Louis, jour de la fête du roi, Louis XVIII étant présent avec la famille royale et tous les grands Corps de l'État, on découvrit aux regards de la foule, qui aussitôt le reconnut, la figure souriante du Béarnais.

Toute la journée ne fut qu'une longue fête,

---

[1] Lafolie, p. 215.

[2] *Ibid.*, p. 191, 200. — L'inscription en latin, placée sur le côté du piédestal qui regarde le pont, et due à l'Académie des Inscriptions et Belles-Lettres, fut fort critiquée. *V.* Collin de Plancy, *Anecdotes du XIXe siècle,* 1821, in-8°, t. II, p. 83-84. — L'autre inscription, aussi en latin et en lettres d'or, placée sur la face opposée, n'est que la reproduction de celle qni se voyait sur la grille du monument, et qui est plus à la gloire de Richelieu que de Henri IV. *V.* plus haut, p. 474. — D'autres inscriptions avaient été proposées. *V. Essai d'inscription pour la statue de Henri-le-Grand,* 1818, in-8°, de 16 pages.

au Pont-Neuf, à la place Dauphine[1], où six buffets abondants étaient dressés, où coulaient douze fontaines de vin[2]. Ce fut l'une des plus vives joies de notre vieux Pont-Neuf, hélas! et la dernière aussi.

Depuis qu'a-t-il vu? Rien. Les révolutions en passant n'ont plus même pris la peine de s'y arrêter.

Celle de juillet n'y a pas livré un seul combat; celle de 1848, même en ses fatales journées de juin, a fait verser le sang partout excepté au Pont-Neuf. Ce n'est pas certes ce que nous regrettons pour lui, mais ce qui nous désole, ce qui nous fait saigner le cœur, c'est son mouvement disparu, c'est sa vie envolée, ce sont ses embarras trop soigneusement balayés, sa chaussée trop bien nivelée, ses pavillons détruits[3], et surtout ses héros et ses personnages partis pour toujours! Qu'y feraient-ils? Le théâtre n'existant plus, que feraient les acteurs? Le public est aujourd'hui trop affairé pour s'amuser à ces bagatelles. Il n'a plus que le temps de

---

[1] L'ordonnance du 9 juillet 1815 lui avait rendu son nom.

[2] Lafolie, p. 249.

[3] V. plus haut, p. 381-384.

passer, et encore passe-t-il là bien moins nombreux qu'autrefois. Les ponts nouveaux ont volé au Pont-Neuf ses passants. On lui préfère d'un côté le Pont-des-Arts et celui du Carrousel, et de l'autre le Pont-au-Change reconstruit et aplani. On s'étonnait au siècle dernier que Paris eût pu si longtemps exister sans le Pont-Neuf[1], et maintenant, l'ingrate ville s'en passerait presque. Au moins se passe-t-elle, sans regrets, de ceux qui le peuplaient et l'égayaient jadis. Ils sont partis, sachant bien que leur temps était fini, et que le progrès avait gâté leur métier. A quoi bon des chanteurs? on ne chante plus; des escamoteurs en plein vent? certaines concurrences, où la muscade n'est pour rien, ont tué leur industrie. A quoi bon des bateleurs? Tant de théâtres jouent des parades! Tout au Pont-Neuf, tout, du petit au grand, du métier riche au métier pauvre a partagé cette destinée de ruine due à ce qu'on appelle le progrès : Le procédé Ruoltz a tué l'orfévrerie du quai; et le cuir verni les décrotteurs du pont, auxquels le mac-adam semblait pourtant promettre une si belle fortune. Le

[1] *Essai politique sur le Commerce*, 1734, in-12, p. 30.

brocantage en grand des riches amateurs a réduit à rien le trafic des petits marchands de tableaux ; la bibliomanie croissante a détruit le bouquinage des parapets, au profit de celui des ventes, et la gravure, qui comptait par ici tant d'artistes, s'éclipse agonisante devant la photographie !

Les embellissements, qu'en 1787 Rétif, rêvant sur le Pont-Neuf ne présageait que pour 1888[1], sont presque tous réalisés : les ponts et les quais sont libres ; la Cité ne sera bientôt plus, comme il le voulait, qu'un beau quartier tiré au cordeau ; le Louvre est achevé, enfin tout est pour le mieux, hormis que le vieux Pont-Neuf est défunt. Vivant, il était la vie du vieux Paris ; mort, il est l'image de sa mort.

Un Paris nouveau commence à naître. Puisse-t-il être aussi animé, aussi spirituel que l'ancien, et trouver un aussi gai théâtre ! Puisse-t-il surtout avoir un foyer où viendront s'allumer aussi les flambeaux de l'esprit français ; un centre d'où partiront des génies comme Voltaire, comme Boileau, nés tous

---

[1] *V.* un extrait de ses *Nuits de Paris*, dans le joli volume de Ch. Monselet, *Rétif de la Bretonne*, 1854, in-12, p.154.

deux proches voisins de ce cœur de Paris[1]; comme La Fontaine, qui venait y égayer sa rêverie en s'inspirant des chansons du peuple[2]; et comme Molière, enfin, qui ne créa la comédie qu'après y avoir étudié et joué la farce sur les tréteaux des Tabarins[3] !

[1] Voltaire naquit près du quai des Orfévres, au n° 5 de la rue de Jérusalem, dans la maison faisant le coin de cette rue et de celle de Nazareth. (Évar. Bavoux, *Voltaire à Ferney*, 1860, in-8°, p. 7, note.) — Quant à la maison natale de Boileau, elle était tout proche de celle-là, dans la même rue de Jérusalem, c'est-à-dire, comme le dit Brossette, d'après Boileau lui-même, « dans la petite ruelle de l'enclos du Palais, en venant de l'hôtel de M. le premier président sur le quai des Orfévres. » (*Corresp. entre Boileau-Despréaux et Brossette*, publiée par M. Laverdet, 1858, in-8°, p. 550.)

[2] *V.* plus haut, p. 255.

[3] *Elomire hypocondre*, 1670, in-8°, act. IV, sc. III. — *Chansons de Gauthier Garguille*, édit. Elzévirienne, *Introduction*, passim.

FIN

TABLE
DES MATIÈRES.

Introduction.—Les *Pontifes*, premiers constructeurs de ponts. —Les ponts du Diable.—La légende du Chat.—Les premiers ponts de bois de Lutèce.—Quand et pourquoi brûlés.—Comment ils étaient où se trouvent le pont Notre-Dame et le Petit-Pont, et non à la place du Pont-au-Change et du pont Saint-Michel.— Frédégonde et Leudaste.— Comment celui-ci est pris sur le pont de bois. — Son supplice. — Talisman de Paris contre les incendies et les rats. — Le crocodile vivant du Palais de Justice. — L'expédition d'Égypte prédite il y a trois cents ans.—Invasions normandes.—Le pont de Charles-le-Chauve.—Comment il se trouvait près de l'endroit où l'on a bâti le *Pont-Neuf.* — Siège de Paris par les Normands.— Le *For-l'Évêque.* — Débris trouvés en 1731. — Les barques normandes de l'île des Cygnes 1

I.—Le Pont-Neuf, pendant deux siècles, est le cœur de Paris.— Son histoire projetée en six volumes in-folio. — L'*île Bussy* et l'*île aux Treilles.*—Auto-da-fé de Juifs.—Supplice des Templiers. — Inondations des ports de la Grève et de l'École. — Chaînes pour *boucler* la Seine. — *Saulsaies* du quai des Augustins. — Comment Paris est une ville du Hurepoix.— Origine du nom de la rue de *la Herpe* ou de *la Harpe*.—L'hôtel Saint-Denis.— *La Vallée de Misère*.................. 37

II. — Marion la Marcelle et Thibaut-aux-dez.—Les Bureaux de Dampmartin. — L'un d'eux achète l'*île aux Treilles*. — Le *moulin de la Monnaie*. — Où placé. — Histoire d'un inventeur.— Le bac du Louvre.—Panurge à l'hôtel Saint-Denis. —Montaigne et la rue de Seine. — Brantôme et sa clef d'or jetée dans la Seine.— Une aventure nocturne de Benvenuto Cellini, entre les Augustins et la tour de Nesle. — Le duc d'Elbeuf et Zamet.—Danger que court celui-ci, et qu'il n'eût pas couru si le Pont-Neuf eût existé. — Nécessité de la construction d'un pont à la pointe de la Cité reconnue par Henri II...................................... 56

III.—Comment le Pont-Neuf fut d'abord projeté au bout de la rue de *l'Arbre-Sec*.—Le duc de Nevers s'y oppose.—Pourquoi. — Spifame et ses utopies en *ordonnances*, sous Henri II. — Il veut mettre le Pont-Neuf où est le Pont-des-Arts. — Premiers travaux, en 1578.— Quel est le Du Cerceau qui les dirigea. — Son histoire........................ 75

IV.—Henri III pose la première pierre.—Pourquoi le Pont-Neuf pourrait s'appeler le pont des Pleurs.—Passerelle du Louvre au quai des Augustins.—Les masques de Germain Pilon. — Interruption des travaux. — Regrets de Montaigne. — Pont provisoire du quai des Augustins à l'île de la Cité. — Les bandits irlandais dans les niches du Pont-Neuf inachevé. — Meurtres qu'ils commettent.—Comment chassés de Paris.— Henri IV et le *passeur* du Louvre.—Reprise des travaux.— Un impôt sur le vin les paye.—Les architectes Marchand et Petit.—Fin des travaux du pont.—Le roi le traverse le premier.— Projet d'y bâtir des maisons.— Pourquoi on l'abandonne.—Dernier et terrible duel sur l'île aux Treilles. — La *place Dauphine* : pourquoi bâtie et sur quel terrain. — Le *quai du Louvre* : par qui construit. — Les chantiers du *pont de l'École*.—Henri IV et les Augustins.—La rue *Dauphine*. 92

V.—Les filous, premiers occupants au Pont-Neuf.—Leur gouvernement, leur justice, etc. — Premier *banquiste* au Pont-Neuf.—Combats et accidents.— Danger que court Henri IV.— Revue des *Enfants de Paris*.—Le Pont-Neuf, succursale de la Grève. — La potence élevée par le maréchal d'Ancre. — A qui elle sert.—Meurtre du maréchal d'Ancre et ses suites.— Le *Cheval de Bronze*. — Qui l'a fait et d'où il vient. — Son voyage et son naufrage. — La monture préférée au cavalier. —Gaston d'Orléans *tirelaine* au Pont-Neuf.—Les promenades d'amoureux... 118

VI.—Mailliet, le *Poëte crotté* de Saint-Amant.—Les stations près du Cheval de Bronze.—Les *marchands de Gazettes* du Pont-Neuf et du quai des Augustins.—Maître Guillaume et Mathurine au Pont-Neuf, vendant leurs *fadaises*. — Le comte de Permission, et ses divers métiers, et ses profits. — Les bouquinistes du Pont-Neuf, avant la Fronde.—Leur guerre avec les libraires.—La *Samaritaine*.— Son histoire.—Lintlaër le Flamand et ses inventions.—Henri IV le protége.—Son logement dans les piles du Pont-Neuf.—Le carillon de la *Samaritaine*.—Le *clocheteur* de bronze.— Comment il joue sur le Pont-Neuf le rôle du Pasquin et du Marforio romains.—Coup d'État du maréchal d'Ancre contre lui.—Loret le gazetier au Pont-Neuf... 142

VII.—La Fronde au Pont-Neuf.— Enlèvement de Broussel.— Changement de carrosses au quai des Orfévres.—Émeute.— M. de La Meilleraie sur le Pont-Neuf.—Harangue du coadjuteur du haut d'un parapet.—Comment on lui paye son sermon. — Déconvenue de M. de L'Hospital et du Grand Maître. — Dangers et fuite du chancelier Séguier, sur le Pont-Neuf. — Mort de Sanson, le géographe. — Barricades du quai de la Ferraille et sur le pont.—Scène de comédie entre Gondi et Broussel sur le Pont-Neuf. — Mazarin pendu en effigie. — Comédie de l'assassinat du prince de Condé. — Louis d'or jetés par les portières. — Le *Pont-Neuf frondé :* Avanie de M. de Brancas, de mesdames de Bonnelle et de Châtillon.—

Madame d'Ornano battue et volée.—L'hôtel de Nevers menacé de pillage. — La *paille* au Pont-Neuf. — Misère horrible des Parisiens. — Lettres des deux rois de bronze, celui du Pont-Neuf et celui de la place Royale, etc....... 171

VIII.—Misère des saltimbanques, des arracheurs de dents et des libraires du Pont-Neuf, pendant la Fronde.—Le duc de Beaufort marchand de libelles.—Émeute pour un placard déchiré. — Les libraires joués par Gondi. — Comment et où s'impriment, sous Louis XIV, les chansons infâmes chantées au Pont-Neuf.—Saint-Amant bâtonné pour une chanson.—Feux d'artifice au Pont-Neuf. — Le Savoyard. — Ses chansons. — Ses voyages.—C'est l'Homère du Pont-Neuf.— Ce que coûte une chanson.—Le cocher de Verthamont.—Son costume.— Ses complaintes. — On assassine au Pont-Neuf, puis on y chante l'assassinat commis. — Meurtre du baron de Livet. — Meurtre de Magnon, ami de Molière. — Spadassins et racoleurs.— Les fours du quai de la *Ferraille.*— Comment on se débarrasse des gens qui vous gênent. — Un vers de Voltaire sur un drapeau. — Tricot le racoleur.— Son enterrement.— La chanson de *Marlborough* et le *De Profundis.*—Les *Capons.* — Leurs tours et leurs dupes au Pont-Neuf...... 206

IX.—Le Pont-Neuf et ses *Aventures* mis en opéra.—Ses filous et ses pendus, en 1700.—On y arrête, une nuit d'hiver, la malle du courrier de Tours.—Comment, après avoir tué, l'on fait alors disparaître les traces du crime.—Cartouche au Pont-Neuf.— Le duc de Richemond assassiné.—Les *assommeurs*, en 1742. —Duels, batailles de laquais.—Combat de Cyrano et du singe de Brioché. — Tabarin et Mondor. — Leurs concurrents : Descombes, Grattelard, Barry, maître Gonin. — M. de Riche-Source, marchand de beau langage.—Molière en concurrence avec un géant et une baleine.—Padel succède à Tabarin.—Ce que devient celui-ci, sa fortune, ses prétentions, sa mort funeste. — Lyonnais, le *Médecin des chiens*, autre parvenu du Pont-Neuf.—Le grand Thomas, l'arracheur de dents. —Ses prédécesseurs. — Cormier. — Ce qu'il donne au poëte

Sibus pour deux dents qu'il lui arrache sans douleur. — Ses courses en province avec une troupe de comédiens. — Rondin et sa réclame. — Comment opère le grand Thomas. — Dents qu'il arrache gratis, par charité. — Ses banquets en plein vent sur le Pont-Neuf les jours de réjouissance publique. — Pourquoi l'une de ces bombances finit avant d'avoir commencé. — Ce qui s'ensuivit. — Une lettre fort peu connue de Piron à ce sujet. — Voyage du grand Thomas à Versailles pour aller voir le roi et la reine. — Son costume, sa suite, sa marche triomphale. — Quand il se retire des affaires et avec quelles économies. — Son *apothéose* en onze couplets. — Sa rencontre avec la célèbre Mie-Margot. — Ce qu'elle était. — La tante Urlurette. — Encore les filles du Pont-Neuf. — Leurs adieux, en 1687. — La Fillon et M. du Harlay. — Histoire d'un vieux proverbe.............. 234

X. — Le Pont-Neuf, c'est Paris. — Regrets des absents, nostalgie pour la Samaritaine. — Cafés voisins du Pont-Neuf : celui du *Parnasse*, le *Café Conti*. — Granchez et sa boutique du *Petit-Dunkerque*. — Leur histoire. — Une future impératrice chez Granchez. — La boutique du *Vase d'Or*. — Les marchands d'armes. — Un recéleur de Cartouche. — Les marchands d'almanachs. — Les marchands d'encre. — Origine de *la Petite Vertu*. — Pourquoi elle s'appelle ainsi. — La boutique d'Odieuvre, le *Marchand d'Estampes*. — Les illustres brocanteurs. — Raclot. — Malafer. — Ses habitudes au café de la Laurent. — Vers sur lui. — Fagnani et ses trafics. — Ce qu'il fait des gravures de Callot. — Sa loterie. — Pourquoi Dancourt le met en scène sous le nom de Sbrigani. — Les orfévres. — Leur nombre en 1700. — Les *Prospectus* au Pont-Neuf. — Les marchands de chiens. — Les marchands de parapluies. — Parasols en location. — Les marchands de melons. — Les bouquetières espagnoles au Pont-Neuf. — Madame Billette, la Cardeau, Babet, la grande Jeanneton. — Les députations de bouquetières à Versailles. — Louis XVI au Pont-Neuf. — Harangue des orangères. — Leur commerce. — Ce qu'en dit Mercier. — Les étrennes de Jean-Georges Wille. — Où il loge. — Ses promenades.— L'exposition de la place Dauphine. — Reposoirs des orfévres. — Un tableau en vingt-quatre heures. — Les jeunes peintres. — Le début de Chardin, le peintre.— Le point de départ de Chardin le Voyageur.— La *Mythologie* et la Fête-Dieu. — Les jolies femmes peintres et leurs tableaux.— Exposition du peintre, du portrait et du modèle. — Madame Guyard et madame du Barry. — Nivard et Lantara.. 267

XI.—Retour au règne de Louis XIV.—Encore les chansons du Pont-Neuf. — Ce qu'en disent Mazarin, Condé, madame de Sévigné, etc. — Le roi Guillaume brûlé, puis ressuscité au Pont-Neuf.— Ambassadeurs à l'auberge.—Feu d'artifice des Augustins. — Popularité de leur couvent. — Cavalcade des huissiers, le jour de la Trinité.—Les baigneurs du Pont-Neuf. —Charles IX et la belle baigneuse.—Encore les *Tirelaines*.— Un arc de triomphe à la place Dauphine.—Ce que Louis XIV fait pour la *Samaritaine*. — Comment c'est le dernier monument de son règne. — Le nouveau *Château*. — Ses gouverneurs. — Le canon de la *Samaritaine* et celui du Palais-Royal. — Comment le boulevard commence à faire concurrence au Pont-Neuf.—Glück et l'arracheur de dents. —Nouvelle proscription des bouquinistes.—Les petites boutiques supprimées. — Projet de madame de Pompadour pour la Cité.— La *Monnaie* à la place Louis XV. — Pourquoi on la bâtit au quai Conti. — M. Barrême et ses *Comptes faits*. — Projet de bâtir des pavillons sur les hémicycles des piles.—Impopularité de Louis XV et de ses maîtresses. — Les chansons satiriques sous le parapluie rouge. — Une scène de Panard : *le Chanteur et la Chanteuse*.—Madame de Pompadour et la chanson de *la Meunière*.—Madame du Barry au Pont-Neuf.—Ses petits métiers.—Construction des pavillons. — Pourquoi Louis XVI se décide à les faire bâtir.—Grands travaux au Pont-Neuf.—Habitants des petites boutiques.—Un souper de Rétif de La Bretonne.— Une nuit de Gilbert. — Sterne à Paris. — Diderot chez mademoi selle Babuti.—Sterne et le Roi de Bronze.—Louis XVI et Henri IV.. 309

XII.—Aspect du Pont-Neuf à la fin du règne de Louis XVI.— Le *Musée scientifique et littéraire* de la rue Dauphine. — Le *Mercure*, rue Guénégaud. — Les marchands de cheveux du quai des *Morfondus*. — Piron et M. Turgot. — Les premiers marchands de lunettes. — Louis-Vincent Chevalier et ses voisins. — Le graveur Omnès. — Un sauvetage et un calembour. — Le graveur Phlipon et sa fille Manon. — Ce que devient Manon. — Son dithyrambe aux horizons du Pont-Neuf. — Mort de madame Roland. — Tableau du quai de la Ferraille. — Encore les vieux fers, les fleurs et le racolage. —Un duel au *Café militaire*.—Les tripots de l'Arche-Marion. —Le *Brihi des Vertus* et ses habitués.—Tison le *décrotteur* enrichi.—Les marionnettes du quai. — Pourquoi Ponteuil fut comédien avant de naître. — Baptiste le *Divertissant* et ses chansons.—L'abbé Lapin. — Greuze et les grisettes.—Où il trouve le sujet d'un de ses tableaux. — David le peintre et Cuvillier le gouverneur de la Samaritaine.—*L'Almanach de la Samaritaine*. — Ce que voient les badauds du haut du Pont-Neuf.—Le bain de Poitevin en 1765.—Une imprimerie au port Saint-Nicolas.—Le bateau à roues de M. de La Rue. — L'horloger qui marche sur l'eau, mystification de M. de Combles. — Le savant qui craint d'user les pavés. — La gageure de l'Anglais et ses écus à vendre. — La perruche du quai des Orfèvres et le singe du rôtisseur............. 395

XIII.—La Révolution commence au Pont-Neuf.—Le chancelier Maupeou exécuté en effigie à la place Dauphine.—Louis XVI au Pont-Neuf.—L'air de *Lucile* à la Samaritaine.—Fête des oiseaux du quai de la Ferraille le jour du sacre.—Hommages publics à la statue d'Henri IV. — Pourquoi.—Le duc d'Orléans forcé de saluer son ancêtre de bronze. — Émeute à la place Dauphine.—L'air des *Lampions* en 1788.— Exécution du mannequin de Calonne. — Exécution du mannequin de Brienne. — Bataille du guet et du peuple au Pont-Neuf. —

Incendie du corps de garde.—Les canons d'alarme au terre-plein.—La journée du 5 octobre et la fête de la Constitution au Pont-Neuf. — La *Patrie en danger!* — Les enrôlements volontaires au Pont-Neuf.— Danses et spectacles au quai de la Ferraille.—Les chanteurs révolutionnaires.— Ladré et le *Ça-ira.*—Le *Pot-pourri de la Guillotine.*—Pitou *l'Auxerrois.* — La *Complainte de Louis XVI* et *la Marseillaise.* — Les Marseillais à la place Dauphine.—Le 10 août au Pont-Neuf. — Les canons enlevés. — Rôle des *orfévres* du quai pendant la Terreur. — Le *bataillon d'Henri IV* et son commandant le bijoutier Carle.—Banquets civiques et populaires à la salle des Pas-Perdus, à Vaugirard, au quai des Orfévres.—Inscription de la grille du Cheval de Bronze enlevée.— Réaction au quai des Orfévres.— Assassinat de Carle.—Où, comment et pourquoi. — Décret contre les statues des rois. — Celle de Henri IV épargnée un jour, puis renversée.—Ce qu'on trouve dans le ventre et sous un des pieds du cheval. — Le Christ de la Samaritaine enlevé. — Le carillon menacé. — *Requête du carillonneur.*— Le dernier gouverneur de la Samaritaine. —Comment ce n'était pas Rulhière.— Ce que devient le petit château.—Le peintre de marine Crespin.—Projets de monuments au terre-plein. — David et sa statue du Peuple. — Les Polichinelles du Fédéralisme. — L'obélisque de Peyre. — Les *Thermes* de Gisors.—Les échoppiers.—Le *Café Pâris.* —Son jardin babylonien.— Ses habitués.— Danton au *Café du Parnasse.* — Pourquoi il épouse la fille du limonadier Charpentier. — Les journées de septembre au Pont-Neuf.— Les prêtres massacrés dans des fiacres.—Visite des cadavres sur le pont.—Les canons du terre-plein au 31 mai.—Fabrique de poignards au quai des Orfévres.—Apothéose de Marat au Pont-Neuf. — Passage des charrettes. — Vision de Fouquier-Tinville................................. 437

XIV.—Bonaparte dans la mansarde du quai Conti.—Sa géographie depuis le Pont-Neuf jusqu'à Sainte-Hélène.—La journée du 13 vendémiaire au Pont-Neuf et sur les quais.—La criée des journaux, les tarifs immondes et le *biribi* ambulant au Pont-Neuf.— Les bouquetières pendant la Terreur.—Les crieurs d'arrêts. — Anecdotes sur Maury et Richelieu.— Les friperies d'église au Pont-Neuf. — Mascarades sacriléges.— Les déesses de la Raison.—Brocantage de chefs-d'œuvre.— Les tableaux de Versailles au Pont-Neuf.—Le bon temps du bouquinage.— Le mauvais temps de la cuisine.— Comment on tâche de dîner aux quais de la Ferraille et de la Volaille. — Les vendanges sous le Pont-Neuf et le père Duchesne.— Logements sur les *bacs* et dans les bateaux de blanchisseuses. — Fabrique de canons sur la Seine. — Danses et spectacles le jour de la mort de Louis XVI. — Le *Théâtre d'Henri IV,* puis *de la Cité*. — Vol à main armée en plein spectacle. — Conseils de la police aux étrangers pour qu'ils ne sortent pas le soir. — *Les Jeunes Élèves* de la rue de Thionville.— La rue du Pont-de-Lodi et les libraires Dentu, Didot, etc.—Déjazet en 1807.—Polichinelle et la guillotine. —*Réveil de Brioché* aux *Jeux forains* du Palais-Royal.—Les tondeurs de chiens et le vaudevilliste Jean-Paquet.—Joseph Lorain, son enseigne et son orthographe.—*Philippe le Savoyard, ou l'Origine du Pont-Neuf,* au Vaudeville. — Le chanteur Duverny et ses rivaux.— *Bayard au Pont-Neuf, la Matinée du Pont-Neuf.*—Joseph Rosny et son *Voyage autour du Pont-Neuf.*— Le monument de Desaix à la place Dauphine. — Le pèlerinage annuel des derniers Templiers.— Les orfévres et les lunettiers.— Le vrai Chevalier.—Encore le *Petit-Dunkerque*. — La *Foire des Jouets* au terre-plein, le jour de l'an.—Création du *Marché aux Fleurs* et de la *Halle à la Volaille*.—La *Roulette* de la rue Dauphine.—Les imprimeurs du passage Dauphine et leur mitraille en juillet 1830. —Martin, cul-de-jatte et devin.—Les *cris* du Pont-Neuf.— L'*Aveugle du Bonheur*. — Un drame d'amour et une machine infernale aux Quinze-Vingts.—M. Galland et les histoires qu'il conte si bien. — Les *banquistes* à l'orientale.— Pinetti et la *poudre persane*.—Miette et son *pallas*.—Sa mort. —Amers regrets.— Le Vénitien Rupano. — Les demoiselles Demonchy et Valechon.— Procès perdu pour une annonce. Vigier et sa fortune. — Ses bains. — Ce que lui doivent les bords de la Seine.— Un mot d'histoire sur les décrotteurs. — Un décrotteur enrichi par le grec.— Le petit décrotteur et son barbet crotteur. — La *bourrée* d'Auvergne et le carillon du Pont-Neuf.— Requête en vers de la *Samaritaine à l'Empereur*. — Réveil du carillon. — Le dernier carillonneur.— — Son histoire et celle de ses cloches. — Soixante ans de carillonnage. — Démolition de la Samaritaine et fin de l'Empire.—Un Henri IV de plâtre au Pont-Neuf.—Fonte du nouveau Roi de Bronze, ce qu'il a dans le bras. — Son cheval, ce qu'il a dans le ventre.—Comment ils sont transportés au Pont-Neuf.—Fêtes de la place Dauphine.—Transformation du Pont-Neuf; conclusion.................... 509

FIN DE LA TABLE.

ERRATA.

PREMIÈRE PARTIE.

Page 140, ligne 13, *au lieu de* : Fr. Collette ; *lisez* : Fr. Colletet.

Page 163, note, ligne 10, *au lieu de* : Minville ; *lisez* : Ninville.

Page 268, ligne 8, *au lieu de* : peu qu'elles prissent ; *lisez* : pour peu qu'elles prissent.

DEUXIÈME PARTIE.

Page 332, ligne 12, *au lieu de* : Minville ; *lisez* : Ninville.

Page 347, ligne 17, *au lieu de* : la Victoire ; *lisez* : la victime.

Page 560, note, ligne 5, *au lieu* d'Astezay ; *lisez* : Astezan.

Page 587, note, ligne 8, *au lieu de* : faisant ; *lisez* : suivant.

www.ingramcontent.com/pod-product-compliance
Lightning Source LLC
Chambersburg PA
CBHW071253160426
43196CB00009B/1269